De: _____
_____

Para: _____
_____

    Cresci ouvindo esta popular frase: "O homem para se sentir realizado precisa plantar uma árvore, ter um filho e escrever um livro". Sábias palavras, para ações que são sinônimos de paciência, zelo e determinação. Sinônimos de um personagem sem dúvida vencedor, um resiliente.

    Ainda criança, plantei a árvore, sem consciência alguma do que isso significaria no futuro. Em outra fase da vida, fui agraciada com o nascimento de minha filha. Mas olhando as sábias palavras, ainda falta um elemento.

    Apesar de muitos obstáculos, meu sonho persistiu: escrever e publicar um livro. Não um livro qualquer, mas a obra que me permitisse contribuir para a qualidade de vida do SER HUMANO, o levando a refletir sobre suas ações de maneira que se tornasse o personagem vencedor das sábias palavras, e ainda uma pessoa RESILIENTE.

Eis o que desejo a VOCÊ: que tenha resiliência para não se abater pelas adversidades, dificuldades e pelos obstáculos da vida. O sonho sem ação é apenas um sonho. Mas o sonho mais a ação é realidade.

Seja bem-vindo à obra!

Érika Stancolovich

ÉRIKA STANCOLOVICH

RESILIÊNCIA

VENÇA O STRESS E CONTROLE A PRESSÃO ANTES QUE ELES DOMINEM VOCÊ

ÉRIKA STANCOLOVICH

RESILIÊNCIA

VENÇA O STRESS E CONTROLE A PRESSÃO ANTES QUE ELES DOMINEM VOCÊ

Copyright© 2020 by Literare Books International Ltda.
Todos os direitos desta edição são reservados à Literare Books International Ltda.

Presidente:
Mauricio Sita

Capa:
Desenho Editorial

Projeto Gráfico e Diagramação:
Candido de Castro Ferreira Jr.

Revisão:
Ana Cecília Porto Silva e Ana Luiza Libânio

Diretora de Projetos:
Gleide Santos

Diretora de Operações:
Alessandra Ksenhuck

Diretora Executiva:
Julyana Rosa

Relacionamento com o cliente:
Claudia Pires

Impressão:
Impressul

Dados Internacionais de Catalogação na Publicação (CIP)
(eDOC BRASIL, Belo Horizonte/MG)

S784r Stancolovich, Érika.
Resiliência: vença o stress e controle a pressão antes que eles dominem você / Érika Stancolovich. – 5. ed. – São Paulo (SP): Literare Books International, 2020.
128 p. : 16 x 23 cm

ISBN 978-85-9455-114-6

1. Resiliência (Traço da personalidade). 2. Saúde mental. 3.Stress (Psicologia). I. Título.
CDD 155.9

Elaborado por Maurício Amormino Júnior – CRB6/2422

Literare Books International Ltda.
Rua Antônio Augusto Covello, 472 – Vila Mariana – São Paulo, SP – CEP 01550-060
Fone/fax: (0**11) 2659-0968
Site: www.literarebooks.com.br   e-mail: contato@literarebooks.com.br

Dedicatória

A todas as pessoas RESILIENTES, que enfrentam seus problemas, as suas adversidades e os obstáculos da vida, que se erguem diante deles sem perder a fé, com dignidade e superação.

Agradecimentos

Primeiramente, é necessário agradecer ao Pai Supremo pelo dom da vida, pois nada acontece sem a permissão de Deus.

A minha família, que é meu alicerce. E quero nesta 5ª edição dar ênfase às pessoas anjos que cruzaram o meu caminho, e que ajudaram com que galgasse mais degraus na escada da vida e contribuíram significativamente para o meu desenvolvimento pessoal e profissional.

A Maria Lúcia Stancolovich Veiga, minha mãe, foi quem me ensinou a fortalecer a minha resiliência, e a não desistir de lutar e de seguir os meus sonhos.

Ao Abdias Martins da Veiga, meu pai, meu maior exemplo de empreendedor de vida, meu herói, cheguei até aqui porque sempre o ouvi.

A Silvia Mara Patriani, minha inspiração. Obrigada por acreditar em mim.

A Luisa Helena Trajano - Magazine Luiza, pelo exemplo de mulher e profissional.

Ao amigo e consultor do SEBRAE Adalberto Souza, um grande mentor em minha vida.

A meu amigo Maurício Sita - Presidente da Literare Books International, pela sua amizade incondicional.

A Hamilton Werneck, meu muito obrigada, um amigo que sempre posso contar, em qualquer ocasião, porque é uma pessoa generosa, competente e um exemplo de profissional;

Ao Major Brigadeiro do Ar Jefferson Domingues de Freitas, que acreditou nos meus projetos e me fez reconhecer minha potencialidade;

Ao General Peternelli pela confiança, por ser um exemplo de pessoa resiliente.

Ao Geraldo Rufino, que é resiliência pura...uma história de vida fantástica (ex-catador de latinhas a um empresário de sucesso), meu amigo, mentor e incentivador e, sobretudo, um exemplo de pessoa e profissional.

Ao Marcus Bernardes, CEO da Magia no Mundo dos Negócios pela oportunidade e confiança.

Ao Dr. José Gomes, Presidente do Conselho Brasileiro de Psicanálise e Psicoterapias - CONBRAPSI, pelas orientações sempre pertinentes e pela sua sabedoria;

E especialmente, as minhas luzes, minhas bênçãos: Marina Stancolovich Veiga Brangioni e Marianne Stancolovich Veiga Freire, minhas filhas amadas!

Amo vocês, até o limite do meu entendimento! Para mim vocês são joias raras, obrigada pelo prazer do convívio e pela troca intelectual com cada um!

Nota da autora

Em todas as histórias citadas, excluindo as de cunho pessoal, a autora resguarda os nomes verdadeiros e descreve traços não identificáveis.

> *Sejamos como o carvalho, que desafia o tempo, enfrenta tempestades e permanece imponente aos obstáculos da vida!*
>
> Érika Stancolovich

O carvalho é uma árvore milenar. Por ser a espécime que mais padece com os efeitos das chuvas fortes, se tornou a ferramenta de estudo para botânicos e geólogos, uma rica fonte para medições dos infortúnios provocados pela natureza ao meio ambiente.

Por incrível que pareça, quanto mais o carvalho se sujeita às intempéries, mais fortalecido ele sai delas, pois suas raízes se arraigam ao solo a cada tempestade, seu tronco se revigora, e a possibilidade de cair devido aos temporais diminui drasticamente, até que se torna nula. O carvalho se embebe de todas as consequências dos temporais e, assim, adquire um aspecto desproporcional, exatamente como um ser que realizou um grande esforço ao longo de sua constituição.

Uma metáfora de resiliência, resistência, resignação, submissão diante dos desígnios divinos, uma vez que, a cada assédio das forças naturais ele não se revolta, nem desanima, mas procura triunfar sobre os obstáculos que o perseguem insistentemente.

Sumário

17	**Prólogo**
19	**Introdução**
25	**Capítulo 1** - Uma história de superação – Onde tudo começou!
33	**Capítulo 2** - O que é resiliência? Como desenvolvê-la?
45	**Capítulo 3** - Pessoas resilientes possuem autoestima
59	**Capítulo 4** - Cada um de nós possui um ponto delicado que precisa ser cuidado
67	**Capítulo 5** - Por que certas pessoas são capazes de se levantar mesmo depois de um grande trauma e outras não?
75	**Capítulo 6** - Ser resiliente é ser feliz!
85	**Capítulo 7** - Resiliência para quê?
91	**Capítulo 8** - Aprendendo a ser resiliente
97	**Capítulo 9** - O líder que existe em você!
107	**Capítulo 10** - O *coaching* e a resiliência
117	**Capítulo 11** - Um raio cai duas vezes no mesmo lugar!
123	**Canvas da resiliência**
125	**Mensagem final**
127	**Referências bibliográficas**

Prólogo

Atraímos pessoas que sustentam os mesmos propósitos que os nossos. Uma mente resiliente reconhece outra. Estou muito feliz por ter sido convidado para escrever o prólogo de uma publicação que está em sua quinta edição, especialmente por ter sido elaborada por uma amiga e parceira. A dra. Érika, assim como eu, busca ajudar o maior número possível de pessoas a serem mais resilientes – e, assim, alcançarem resultados extraordinários em suas vidas.

Meu propósito de vida é apoiar a conscientização e o fortalecimento da capacidade de resiliência que existe dentro de cada um. Assim, posso somar, agregar e orientar as pessoas a enfrentarem, com o menor grau de estresse possível, as mais diversas situações de seu dia a dia. Desse modo, trabalham para se tornarem a melhor versão de si.

Agora, imagine um grande plano de mudança para a sua vida. Tudo começa bem, até que algo inesperado acontece. Qual é a sua reação? Você se adapta às intercorrências, ajusta a rota e segue em frente? Ou fica triste, sem motivação e passa a reclamar?

Este é o primeiro questionamento que precisa ser feito a você mesmo para que entenda como o desenvolvimento da resiliência, uma habilidade imprescindível nos dias de hoje, pode beneficiá-lo – seja na esfera pessoal ou na profissional.

Há cerca de 30 anos, a psicologia passou a empregar o termo RESILIÊNCIA HUMANA para descrever indivíduos que têm a capacidade de enfrentar problemas, aprender com as derrotas e crescer emocionalmente. Assim, entendemos que a resiliência é uma habilidade e pode ser treinada e desenvolvida em qualquer fase da vida. Então, mesmo que não se considere resiliente, é possível, a partir de agora, começar a fortalecer esta capacidade para enfrentar os problemas da sua vida com uma mentalidade de crescimento e aprendizado.

Eis o meu desejo para você: que pratique as estratégias e dicas detalhadas nesta obra e fortaleça o seu poder de resiliência. Que seja o protagonista da sua vida. Um vencedor! Acredite sempre em você. Não desista frente às adversidades da vida, seja resiliente!

Abraços,
Robson Hamuche

Introdução

Há 18 anos, era junho de 1996 e ouvi o médico me dizer "Vamos para o hospital agora, você está a ponto de apagar... você e sua filha correm perigo". Saímos correndo, e essa foi minha última lembrança antes de entrar em coma. Mas também guardo uma sensação, de que pedi a Deus por minha filha, e que se preciso fosse, que levasse a mim e a deixasse viver. Eu estava grávida, e tive eclâmpsia.

A hipertensão arterial específica da gravidez recebe o nome de pré-eclâmpsia e, em geral, instala-se a partir da 20ª semana, especialmente no 3º trimestre. A pré-eclâmpsia pode evoluir para a eclâmpsia, uma forma grave da doença, que põe em risco a vida da mãe e do feto.

A eclâmpsia propriamente dita sempre exigirá a internação, medicações venosas anticonvulsivantes e anti-hipertensivas e, geralmente, interrupção da gravidez. A eclâmpsia é a principal causa de morte materna no Brasil atualmente.

Felizmente eu e minha filha hoje podemos contar pelo que passamos, e agradecer pela oportunidade que nos foi concedida por Deus.

Do tempo em que estive em coma tenho memórias, e a primeira delas é uma música orquestrada, que inundava meus pensamentos. Minha mãe colocava uma música para eu ouvir... Não sei se com algum propósito específico, mas aquela música me dizia para voltar, queria me trazer de volta... E lembro-me de estar em um campo florido, com um lindo arco-íris, e uma sensação de paz e aconchego.

Às vezes sentia que só faltava abrir os olhos, era uma sensação muito forte, mas eu não conseguia voltar. Lembro-me de ouvir a voz da minha mãe falando: "Seja resiliente, conversamos tanto sobre essa palavra...". E ali, sem conseguir naquele momento me livrar do coma eu pensava: "Precisamos estar diante da morte, para dar valor às pequenas coisas da vida?"

Senti falta de respirar por mim mesma, de andar, de comer, de beber, de conversar com os amigos, de conhecer a minha filha e senti-la em meus braços. Eu estava em coma durante o parto, ainda não tinha tido a chance de vê-la, me sentia impotente, e precisava lutar para sair daquele estado... Então prometi a mim mesma: "Vou dar valor às pequenas coisas da vida, vou investir minha energia e o meu tempo com o que me faz crescer, valorizar o que a vida tem de bom, e descartar aquilo que não soma a ela. Não alimentarei raiva, ódio ou mágoa de ninguém... Mas, por favor, DEUS, me dê uma segunda chance".

O verdadeiro sentido da vida está na simplicidade das ações, nas pequenas conquistas... E posso garantir que é fácil ser feliz, mesmo enfrentando dificuldades e adversidades na vida. Muitas reflexões vieram a mim enquanto estive em coma, e me fizeram inclusive sentir culpa. Eu tinha deixado de aproveitar momentos em família, amigos, oportunidades de ser feliz, de ouvir e me colocar no lugar do outro, de ajudar.

Quantas vezes gastamos nossa energia com coisas que não valem a pena, com coisas que nada acrescentam à nossa vida? E isso tudo me trouxe uma valiosa lição: não precisamos chegar perto da morte para fazer essas descobertas. Podemos e precisamos fazer essas reflexões agora, hoje, enquanto temos consciência e podemos agir por nossa própria vontade. O futuro – ah, o futuro, meu querido leitor, é incerto!

Devemos sim nos preparar para o futuro, elaborar projetos, mas que estejam alinhados às nossas ações do presente. É necessário ter esperança, mas, sobretudo, sabedoria. Vislumbrar o futuro, mas principalmente saber aproveitar o momento presente.

Eis o que desejo a você! Não desperdice a vida com situações fúteis. Ganhamos mais quando sabemos perdoar, nos doar, rir de nós mesmos. Se o seu problema é do tipo que o dinheiro resolveria, será mesmo um problema? Pense nisso!

Observo pessoas sofrendo, optando por um caminho sem autoestima por acharem que não têm escolha. Que tal situação aconteceu porque DEUS quis... E não é bem assim! Ele quer o nosso melhor, mas para isso também precisamos dar o nosso melhor – e nem sempre agimos de acordo. Nos entregamos às situações que nada acrescentaram a nossas vidas por não acreditarmos em nós mesmos, e pior: por achar que merecemos estar naquela condição.

A vida não é assim, e aprendi isso de um jeito duro, por um caminho quase sem volta. Aprendi que se pensássemos mais vezes na morte não faríamos e não falaríamos tantas coisas sem valor. Aprendi que precisamos nos fortalecer com as dificuldades e superar as adversidades. Aprendi que temos uma força interior imensa, e muitas vezes ela só está esperando que a deixemos agir, a escolha é nossa.

Como algumas pessoas conseguem enfrentar tão bem situações adversas? Por que alguns são mais vulneráveis que outros diante de situações de risco? Por que outros indivíduos apresentam invulnerabilidade e competência para manejar situações estressantes?

Como alguns seres humanos podem se recuperar de grandes perdas materiais ou emocionais? O que possibilitaria a alguns superar seus desafios de forma que eles não interfiram no desenvolvimento emocional? Eu escolho estar nessa situação ou não?

Ser uma pessoa resiliente é descobrir a capacidade de enfrentar traumas, crises, perdas, desafios, entendendo as situações e recuperando-se delas. Posso me fazer de vítima, colocar a culpa no outro e mesmo não fazer nada, a escolha é minha.

Independentemente de condição social, faixa etária, religião, costumes ou crenças, todos vivemos em uma sociedade em que um dos nossos piores "inimigos", por assim dizer, convive conosco diariamente, e de uma maneira muito próxima: nós mesmos.

Quando não sabemos reagir diante de uma dificuldade ou adversidade; quando escolhemos não enfrentar os problemas que nos cercam; quando preferimos nos vitimizar ou culpar os outros e esquecemos de viver a nossa vida; quando não sabemos gerenciar os nossos pensamentos e as nossas emoções em prol de nossa qualidade de vida. Quando isso acontece, nosso corpo começa a apresentar sintomas psicossomáticos, que nada mais são do que reações do organismo, alertas de que precisamos mudar a nossa forma de encarar as situações. O quadro pode ser um caos, mas para entender e enfrentar o caos, você precisa reagir e agir. Para isso é importante nos conhecermos bem, para conseguirmos trabalhar a resiliência dentro do nosso EU.

Eu escolho ser feliz, e você?

Eu escolho ser resiliente, e você?

Aceite meu convite, e desenvolva as competências para ser uma pessoa resiliente e feliz!

O despertar é intrínseco e pode ser acessado somente por nós mesmos, com a chave do autoconhecimento, quando nos permitimos vivenciar as situações a que somos submetidos transformando conhecimento em comportamento.

E após reconhecer a sua resiliência, você estará mais propício a entender o outro, a conviver melhor com as diferenças, e ter sucesso em suas relações, pessoais, sociais ou familiares, gerando um equilíbrio para os campos financeiros, emocionais, entre outros.

Divido com você nesta obra minhas experiências pessoais e as do consultório. Tenha uma ótima leitura, e reflexão!

Meu terno e eterno carinho por você, querido leitor!

A autora

Capítulo 1

Uma história de superação
Onde tudo começou!

Interpretamos todas as situações que acontecem ou surgem em nosso caminho e que nos impedem de obter o êxito desejado como dificuldades e adversidades. Quero iniciar esta reflexão da seguinte forma: as dificuldades e adversidades da vida não nos impedem de enfrentá-las nem de que nos reergamos diante delas.

Quero dividir com você a história de superação que me fez pesquisar sobre o tema resiliência. Trata-se de uma pessoa que teve um poder de superação incrível, e que foi um exemplo de determinação: minha mãe.

Sou a mais velha de três irmãs, e meus pais sempre nos ensinaram a sermos unidas. Também foram exemplos para nós, propiciando um ambiente familiar de muito amor.

No dia 15 de março de 1995 minha mãe foi fazer um *check-up* de rotina, e comentou com o médico que às vezes se sentia tonta e tinha uma "dorzinha" de cabeça. O médico solicitou uma tomografia, que foi feita no dia seguinte. Com o laudo ela retornou ao médico, e depois foi para casa.

Neste ano de 1995 eu tinha 17 anos, e chegando em casa minha mãe me pediu para entrar em meu quarto, pois ela queria conversar comigo. Ela fechou a porta, sentou na cama comigo e disse: "Vou precisar que seja forte, que dê apoio para seu pai e suas irmãs. Você é forte!"

Minha mãe estava tranquila, parecia que ia me contar algum segredo, fiquei curiosa. Então baixinho ela disse: "O exame acusou um aneurisma cerebral, e que está a ponto de estourar a qualquer momento. É de difícil acesso, e por isso a equipe médica vai ainda avaliar se é possível uma cirurgia. Se for realizada, pela localidade, tamanho e espessura, a chance de acontecer óbito ou de que eu fique incapaz é de mais de 80%".

Segundo o médico Drauzio Varella:

> Aneurisma cerebral, ou aneurisma sacular, é uma dilatação que se forma na parede enfraquecida de uma artéria do cérebro. A pressão normal do sangue dentro da artéria força essa região menos resistente e dá origem a uma espécie de bexiga que pode ir crescendo lenta e progressivamente.

> Os maiores riscos desse afrouxamento do tecido vascular são ruptura da artéria e hemorragia ou compressão de outras áreas do cérebro.
> São raros os aneurismas congênitos, mas a pessoa pode nascer com tendência à fragilidade dos vasos e à formação de aneurismas. Em geral, os episódios de ruptura e sangramento ocorrem a partir da 5ª década de vida, afetam mais as mulheres e tornam-se mais comuns à medida que a pessoa envelhece.
> Aneurisma cerebral é uma doença grave. Apenas 2/3 dos pacientes sobrevivem, mas cerca da metade permanece com sequelas importantes que comprometem a qualidade de vida.

Não consegui dizer uma palavra, lágrimas corriam pela minha face. E minha mãe continuou a conversar comigo dizendo que deixaria prontos todos os documentos necessários, questões fúnebres, e me pediu novamente para que eu cuidasse de minhas irmãs e principalmente do meu pai.

Como se estivesse indo para uma viagem de férias, ela me passou uma lista de recomendações. Meu corpo estava ali em sua frente, mas eu me sentia como se estivesse em outra dimensão. Não sentia meus pés, minhas mãos, não me sentia. Diante de uma situação literalmente de vida ou morte minha mãe continuava a me transmitir segurança. E foi aí que me dei conta de que eu também precisava ser forte. Se ela estava pedindo a minha ajuda para tomar conta da família e eu entrasse em desespero, em quem ela se apoiaria?

Ela sempre foi "o homem" da casa. Diante de todas as pressões, fossem financeiras, de saúde, emocionais, ela era o nosso escudo. Meu pai é "coração mole". Se sentíamos uma dor na barriga, ele sentia também. Lembro-me de uma vez que corri para a cama dos meus pais com dor de cabeça – e adivinhem? "Bingo!", foram dois com dores de cabeça até que eu melhorasse. E minha mãe ali, firme e forte ao nosso lado, zelando por nossa saúde.

Então, eu só me perguntava: Por que DEUS? Por quê? Leve-me, e não a minha mãe. E ela continuou, serena, e calmamente disse: "Daqui a dois dias vão me internar. Ficarei em observação e eles vão analisar se a cirurgia será feita ou não. Mas se alguma coisa acontecer comigo, você sabe o que fazer. Confio em você."

Foi necessária uma semana de observação, e então no dia 26 de março a equipe médica veio com a resposta, a cirurgia seria realizada. Meus pais assinaram um termo de responsabilidade, e no dia seguinte, antes de minha mãe entrar para a sala de cirurgia, ela disse: "A minha fé é grande, e também sou uma pessoa resiliente". Foi a primeira vez que ouvi esta palavra, e até então não imaginava, não tinha ideia do quanto ela significaria em minha vida. Pensei: "Meu Deus, não sei como pude prometer para minha mãe que eu seria forte, que eu faria tudo que ela me pediu." Não conseguia imaginar minha vida sem ela, minha fortaleza. Senti vontade de gritar, de sumir... Mas minhas irmãs precisavam de mim, minha mãe precisava de mim, não podia abandoná-las, ainda mais naquele momento tão difícil.

Meu pai ficou no hospital e eu fui para casa cuidar de minhas irmãs. Nunca rezei tanto em minha vida, e nunca chorei tanto também. E a palavra resiliente, aquela que minha mãe me disse poucos minutos antes de entrar para a cirurgia, ficou em minha cabeça. Fui pesquisar o que era esta tal resiliência, e então comecei a compreender o comportamento de minha mãe. Apesar de sua situação de dor, sofrimento e angústia, sua postura era serena, confiante e de muita sabedoria.

A cirurgia foi um sucesso. Ela acordou no Centro de Terapia Intensiva no dia 28 de março, e a equipe médica ficou perplexa com o quadro: minha mãe totalmente lúcida, compreendendo tudo o que lhe era dito, e sem nenhuma sequela. Só precisaria de poucos dias para se restabelecer, e então a encaminharam para o quarto.

Aprendi com minha mãe a postura de uma pessoa resiliente, que apesar das dificuldades e adversidades não perdeu a vontade de lutar, não se entregou, não se vitimou. Muito pelo contrário, teve uma postura firme, consciente e determinada, e que, tenho certeza, foi fundamental para o sucesso de sua cirurgia e recuperação.

E depois desse episódio, muitas outras situações de provações aconteceram em nossa família. A vida não para, é um constante movimento, e nos exige mudanças. Se vamos realmente mudar, isso é outra discussão. Mas aprendi que algumas situações devem ser deletadas da nossa mente, para que consigamos seguir com a nossa vida, sem perder a visão do que queremos ser, onde queremos estar e com quem estamos indo.

O exemplo de superação de minha mãe é real e próximo, uma verdadeira lição de como uma pessoa resiliente se comporta, como se preocupa em agir ao invés de se lamentar. Alguns podem duvidar desse poder, dessa possibilidade de ser quase um super-herói, mas é uma capacidade que todo ser humano pode desenvolver.

Convido-lhe agora a um breve exercício de autoconhecimento, que é uma etapa importante para que você desperte ou aprimore, durante a leitura deste livro, a sua resiliência. Preencha a tabela abaixo, depois reflita no motivo de cada resposta.

3 sentimentos importantes para você	1. 2. 3.
3 qualidades	1. 2. 3.
3 mudanças necessárias	1. 2. 3.

Agora responda:

a. As suas ações condizem com os seus propósitos de vida?

R:_____

_____

_____

b. Você está preparado para enfrentar os obstáculos e as adversidades da vida?

R:_____

_____

_____

c. Em uma situação de adversidade o que você faz?

R:_____

_____

_____

O objetivo é um só: fazer você parar alguns instantes e pensar, refletir em VOCÊ, em sua vida, suas emoções, seus anseios e, mais do que isso, saber qual ATITUDE deve ser tomada a partir desse entendimento, dessa clareza de propósitos.

Capítulo 2

O que é resiliência? Como desenvolvê-la?

Frente a uma situação difícil, o que você faz: grita, chora, foge, lamenta, culpa os outros, desanima ou a enfrenta?

Reações e respostas temos diversas, mas queremos nos focar naquelas que enfrentam os problemas, superam os obstáculos, vencem as adversidades da vida e ainda conseguem se beneficiar com esses desafios, aprendendo e crescendo emocionalmente. Essas são as pessoas resilientes. Resiliência é um termo originalmente vindo da física, que significa a capacidade de um material em voltar ao seu estado normal depois de ter sofrido uma pressão.

Já as ciências humanas aplicam esse termo para interpretar a capacidade de um indivíduo em manter uma conduta sã num ambiente insano, ou seja, a capacidade do indivíduo de sobrepor-se e construir-se positivamente frente às adversidades. Essa qualidade, que faz de nós pessoas muito especiais, pode ser desenvolvida.

A palavra tem sonoridade estranha e significado pouco conhecido, mas pode fazer a diferença na sua vida. O resiliente não se abate assim tão fácil, não culpa os outros pelos seus fracassos e tem um humor surpreendente. Para completar, ele age com ética e dispõe de uma energia espantosa para trabalhar e lutar pelos seus objetivos.

Até os anos 1990, os estudiosos defendiam que a habilidade para administrar conflitos era inata, como um dom. A partir daí, comprovaram que o homem pode, sim, desenvolver a capacidade de se recuperar e de crescer em meio a sucessivos problemas.

Vou compartilhar com você uma história de uma paciente que, depois de vários desafios e superações, é hoje uma profissional bem-sucedida, casada, mãe de uma linda menina e feliz!

Uma atitude importante: não considerar como prejuízo as suas perdas. Com apenas 3 anos de idade, Fátima, agora com 25 anos, perdeu a mãe que sofria de câncer. Foi então criada pelo pai, que lhe ensinou a ser livre, positiva e a viver de bem com o mundo. Há quatro anos seu pai morreu num acidente de carro com outros dois filhos do segundo casamento. "Sofri muito, mas não considero só o fato de perdê-los. O episódio me levou a mudanças de rumo", declara Fátima, que mora em Salvador. "Aprendi que o meu centro de apoio deve estar em mim. Se estivesse centrada na presença física do meu pai, que amei tanto, teria enlouquecido. Ficaram os valores que ele ensinou."

Desde cedo Fátima não permitiu que tivessem pena dela. "Por que deixaria que me considerassem uma coitada? Ouvi fitas gravadas pela minha mãe, ainda doente, em que ela pede para eu ser feliz, ter amigos, ir à praia, viajar, estudar..." A mudança de rumo a que Fátima se refere incluiu alterações até de ordem prática. Ela havia passado no vestibular de medicina uma semana antes do acidente que vitimou o pai. Apesar do trágico acontecimento, ela seguiu em frente. Se restabeleceu e se formou na faculdade, lembrando sempre das palavras de incentivo também de seus pais.

O fatalismo e a vitimação passam longe dos resilientes. Nunca pensam: "Tudo é difícil" ou "Não consigo mudar de rumo". Pelo contrário, fazem de tudo para reverter a situação indesejável. Possuem metas bem definidas e um projeto de vida. Mas e o que é um projeto de vida?

O projeto de vida é mais que uma ferramenta, trata-se de uma forma de pensar e posicionar-se no mundo, integrando as diversas esferas que constituem o ser humano e que são indissociáveis, pois qualquer alteração, em uma delas, impacta a outra. Para dar mais clareza aos termos, vamos observá-lo separadamente:

1) O projeto é um plano, uma intenção que se tem para o futuro, esteja ele próximo ou não. Pode ser comparado a um mapa que nos orienta e nos conduz às situações que desejamos alcançar.
2) A vida é o período de desenvolvimento, em termos físicos, mentais e sociais, que vai da concepção até a morte.

Em qualquer projeto é imprescindível estabelecer objetivos, metas, caminhos a seguir a curto, médio e longos prazos, e a isso chamamos de plano de ação.

O projeto de vida é uma visualização antecipada da vida que desejamos ter. Embora haja certo padrão no desenvolvimento dos seres humanos, a forma de cada indivíduo estar no mundo e percebê-lo, de relacionar-se, de aprender, de fazer coisas, é marcada por sua identidade, por sua personalidade, aquilo que nos torna únicos e complexos.

Vivenciamos mudanças o tempo todo e, para que essas mudanças sejam positivas, é preciso conhecer quem somos, o que queremos e como nos desenvolveremos.

O projeto de vida deve ser elaborado passo a passo, estabelecendo objetivos claros, metas a serem atingidas. Depende de fazer escolhas, de autoconhecimento, de decidir o que é melhor para si mesmo. Para tanto, algumas perguntas devem ser respondidas:

- Quem é você? Quais seus valores, suas crenças?
- Quais são suas expectativas nas várias dimensões da sua vida?
- Quais são seus objetivos e em quanto tempo pretende atingi-los?
- Quais são seus pontos fortes?
- Em que precisa melhorar para atingir seus objetivos? Como? De qual recurso precisa para atingi-los?

Uma dica que deixo é o uso de uma agenda, de papel, o bloco de notas do celular, o editor de texto do *tablet*, o meio não interessa, o importante é que esteja tudo registrado nela. Escreva o que você quer realizar, o que você quer ser, o que você deseja conquistar. E quando se deparar com uma dificuldade ou adversidade, não desista, mas lute, "arregace as mangas", pois você sabe, e está registrado, o que é e o que quer para sua vida.

Para uma pessoa resiliente, o plano é algo concreto, acessível e realizável a curto prazo. Aquilo que sentimos acerca de nós mesmos afeta crucialmente todos os aspectos da nossa experiência, desde a maneira como agimos no trabalho, no amor e no sexo, até o modo como atuamos como pais, amigos, e até o ponto em que provavelmente subiremos na vida. Nossas reações aos acontecimentos do cotidiano são determinadas por quem e pelo que pensamos que somos.

É preciso que cada um se preocupe consigo, olhe para dentro de si e procure perceber a resiliência que pode ser aprendida. O caminho é longo, mas a vida é constituída de conhecimento adquirido, compartilhado e ensinado. Nesta longa estrada, nem sempre enxergamos o fim. Cada um vai trilhar de acordo com suas escolhas, seu conhecimento e o projeto que elaborou para sua vida. Observe o seu caminho, volte para o seu plano de ação quando tiver dúvidas e reveja as metas se preciso. Mudanças acontecem na vida de todas as pessoas, e os resilientes enxergam a mudança como oportunidade, talvez até como um novo caminho rumo ao projeto de sua vida.

Outro exemplo fantástico é a de uma coordenadora de uma faculdade. Vou chamá-la de Maria, e a música de Milton Nascimento diz um pouco sobre ela:

> *"...Mas é preciso ter força*
> *É preciso ter raça*
> *É preciso ter gana sempre*
> *Quem traz no corpo a marca*
> *Maria, Maria..."*

Pessoa bem-sucedida, prestativa, hábil em resolver os problemas trazidos pelos professores, uma colaboradora do tipo "pau para toda obra". Em um dia como outro, ela foi demitida. Todos ficaram surpresos, aparentemente não havia motivo algum para a demissão, e então começaram os rumores: será que foi reclamação de aluno, alguma discussão com professor que não ficamos sabendo, problema pessoal?

A situação do desemprego estava influenciando Maria, e ela me procurou no consultório e desabafou. Em nossa conversa percebi o perigo que a rondava, a depressão estava querendo tomar conta dela. Fizemos um trabalho de resgate de autoestima, de superação, para ajudá-la a despertar a resiliência que existia dentro dela. Iniciamos sessões de terapia que incluíam a metodologia do *coaching* (que será tratada no último capítulo da obra), e ela foi percebendo que, apesar do desemprego e das dificuldades, ela deveria usar seu potencial e conhecimento para suplantar aquele momento. Através da compreensão de seu poder interno, sua autoestima foi se elevando, ela descobriu também a resiliência e a cada dia seu progresso era maior. Em um dia como outro, ela foi chamada. Agora, para assumir o cargo de diretora de uma faculdade.

É claro que o caminho ideal para uma evolução na carreira não é uma demissão, mas assim como no caso de Maria, as oportunidades podem estar ocultas em uma dificuldade. Quando tomamos as rédeas da nossa vida e somos resilientes, as coisas acontecem em nosso benefício, pois as nossas energias estão a nosso favor. Arregaçar as mangas, ir à luta, buscar o sentido da vida, do que queremos, do que somos... Eis a lição que Maria nos ensina com seu exemplo.

Modificar pensamentos, ações e atitudes provocam o movimento da vida. Você pode escolher ser resiliente. E se você perceber que não tem cuidado de você, comece imediatamente a fazer este exercício:

1. Escolha um momento tranquilo do seu dia para encontrar-se consigo;
2. Tente ouvir o barulho ao seu redor;
3. Observe e sinta as pessoas em seu corre-corre diário;
4. Concentre-se nas coisas boas que você está sentindo nesse momento;
5. Busque sintonia com as sensações;
6. Perceba que tudo tem seu próprio movimento e que, independentemente de sua presença ou ausência, o mundo não para. As pessoas continuam procurando os seus canais para expressar o amor, a bondade, a caridade, a fraternidade e a afetividade.

Em minha experiência aprendi que tudo tem seu tempo... e que o tempo é o maior de todos os capitais na vida, sejam eles emocionais, intelectuais, sociais ou financeiros. Quanto mais o tempo passa, mais me preocupo com ele... E aprender que o tempo de DEUS é diferente do nosso é um bom começo para a reflexão sobre as situações que acontecem conosco, pois nada é por acaso!

Uma das parábolas mais marcantes e que desejo compartilhar foi contada por James Aggrey e relatada por Leonardo Boff no livro *A águia e a galinha:*

> Era uma vez um camponês que foi à floresta vizinha apanhar um pássaro para mantê-lo em sua casa. Conseguiu pegar um filhote de águia. Colocou-o no galinheiro junto às galinhas. Comia milho e ração própria para galinhas, embora a águia fosse o rei/rainha de todos os pássaros.
>
> Depois de cinco anos, este homem recebeu a visita de um naturalista. Enquanto passeavam pelo jardim, disse o naturalista:
>
> — Este pássaro aí não é uma galinha. É uma águia.
>
> — De fato – disse o camponês. – É águia. Mas eu a criei como galinha. Ela não é mais uma águia. Transformou-se em galinha como as outras, apesar das asas de quase três metros de extensão.
>
> — Não – retrucou o naturalista. – Ela é e será sempre uma águia, pois tem um coração de águia. Este coração a fará um dia voar às alturas.

— Não, não — insistiu o camponês. — Ela virou galinha e jamais voará como águia.

Então decidiram fazer uma prova. O naturalista tomou a águia, ergueu-a bem alto e desafiando-a, disse:

— Já que de fato você é uma águia, já que você pertence ao céu e não à terra, então abra suas asas e voe!

A águia pousou sobre o braço estendido do naturalista. Olhava distraidamente ao redor. Viu as galinhas lá embaixo, ciscando grãos. E pulou para junto delas. O camponês comentou:

— Eu lhe disse, ela virou uma simples galinha!

— Não — tornou a insistir o naturalista. — Ela é uma águia. E uma águia será sempre uma águia. Vamos experimentar novamente amanhã.

No dia seguinte, o naturalista subiu com a águia no teto da casa. Sussurrou-lhe:

— Águia, já que você é uma águia, abra suas asas e voe!

Mas quando a águia viu lá embaixo as galinhas, ciscando o chão, pulou e foi para junto delas. O camponês sorriu e voltou à carga:

— Eu lhe havia dito, ela virou galinha!

— Não — respondeu firmemente o naturalista.— Ela é águia, possuirá sempre um coração de águia. Vamos experimentar ainda uma última vez. Amanhã a farei voar.

No dia seguinte, o naturalista e o camponês levantaram bem cedo. Pegaram a águia, levaram-na para fora da cidade, longe das casas dos homens, no alto de uma montanha. O sol nascente dourava os picos das montanhas. O naturalista ergueu a águia para o alto e ordenou-lhe:

— Águia, já que você é uma águia, já que você pertence ao céu e não à terra, abra as suas asas e voe!

A águia olhou ao redor. Tremia como se experimentasse nova vida. Mas não voou. Então o naturalista segurou-a firmemente, bem na direção do sol, para que seus olhos pudessem encher-se da claridade solar e da vastidão do horizonte.

Nesse momento, ela abriu suas potentes asas, grasnou com o típico kau-kau das águias e ergueu-se, soberana, sobre si mesma. E começou a voar, a voar para o alto, a voar cada vez para mais alto. Voou... voou... até confundir-se com o azul do firmamento...

A parábola de James Aggrey é realmente magnífica e provoca reflexões profundas, indispensáveis para o processo do crescimento humano: o sentimento de autoestima, de superação e a capacidade de dar a volta por cima, vencendo as dificuldades quase insuperáveis, são notáveis.

Cada pessoa tem dentro de si uma águia. Ela quer nascer, sente o chamado das alturas, busca o sol. Por isso, somos constantemente desafiados a libertar a águia que nos habita.

As pessoas que alçam voo sublime são as que se recusam a deitar-se, a suspirar e desejar que as coisas mudem, sem fazer nada para que isso aconteça! Tais pessoas não reclamam sua sorte e tampouco sonham, ou só sonham passivamente, com algum navio longínquo que vai chegando. Em vez disso, visualizam em suas mentes que não são desistentes; não permitirão que as circunstâncias da vida as empurrem lá para baixo, e as mantenham subjugadas como galinhas.

Vamos, voe...Voe e vença, ocupe o lugar que é seu no alto do penhasco.

Capítulo 3

Pessoas resilientes possuem autoestima

A autoestima é a base da realização do SER, uma questão de alicerce diário... E por esse motivo, entender a importância da autoestima é crucial para nossas vidas. Quem tem autoestima se valoriza e amplia sua capacidade de interpretar e colaborar com o mundo à sua volta.

Autoestima é também tudo aquilo que penso sobre mim, como me percebo. É minha autoimagem, meus valores, minhas crenças e opiniões. Ela está dentro de cada um de nós, e não fora, são nossas características pessoais e individuais. Sabemos que a autoestima é um fator que determina em grande parte o sucesso ou fracasso de uma pessoa na vida. Ela determina a escolha da nossa profissão, dos nossos amigos, e o estilo de vida que queremos levar.

Como desenvolver a autoestima?

Desenvolver a autoestima é desenvolver a convicção de que somos capazes de viver e somos merecedores da felicidade e, portanto, determinados a enfrentar a vida com mais confiança, boa vontade e otimismo, que nos ajudam a atingir nossas metas e a sentirmo-nos realizados. Desenvolver a autoestima é expandir nossa capacidade de ser feliz, de ser resiliente.

Você pode desenvolver a sua autoestima, principalmente ficando perto de pessoas que também a possuem. Essas pessoas somam à nossa vida. Se você sempre estiver perto de pessoas negativas, deprimidas, melancólicas, frustradas, dificilmente desenvolverá autoestima. Lembre-se do alicerce diário, que deve ser firme e consistente.

Além disso, quando você cresce em autoestima, seu rosto, suas maneiras, seu jeito de falar e de se mover naturalmente vão projetar o prazer que você sente em estar vivo. A uma certa altura, você se perceberá mais capaz de falar de suas realizações ou defeitos de maneira direta e honesta, pois estará numa relação amistosa com os fatos. Você provavelmente descobrirá que se sente mais à vontade em oferecer e receber elogios, expressões de afeto, apreciação, entre outros.

Você estará mais aberto às críticas e mais apto a reconhecer enganos, porque a sua autoestima não estará presa a uma imagem de "perfeição". Suas palavras e seus movimentos tenderão a possuir uma qualidade de desenvoltura e espontaneidade, pois não estará em guerra consigo mesmo. Haverá cada vez mais harmonia entre o que você diz e como se parece e se movimenta.

Você descobrirá em si uma atitude cada vez mais aberta e curiosa diante de novas ideias, experiências e possibilidades de vida, pois sua existência se tornará uma aventura. Os sentimentos de ansiedade, medo e de insegurança – se aparecerem – terão menos possibilidades de intimidá-lo ou dominá-lo, pois será muito mais fácil administrá-los e superá-los.

Você será mais flexível ao reagir a situações adversas e desafios, pois confiará em sua mente e não verá a vida como sina ou ruína. Você estará mais à vontade com o comportamento assertivo, será mais rápido em se dar apoio e a falar por si mesmo. Você possivelmente conservará uma qualidade de harmonia e dignidade em situações de tensão, uma vez que se tornará cada vez mais natural sentir-se centrado.

Cuide de seus pensamentos:

- Você passa horas remoendo um problema, relata aos familiares, fala incansavelmente sobre o episódio.

Resultado: o estresse só aumenta. Ao relaxar, sentir-se feliz, sem fazer tempestades com pequenas coisas, o astral de quem está por perto também muda.

- Sempre existiram e vão continuar existindo questões para lidar diariamente. Nem todas serão fáceis ou boas. O melhor a ser feito é não deixar pequenos problemas o afetarem de forma tão significativa. É perceber que temos a capacidade de alterar a forma como pensamos e reagimos a esses eventos.

Lembre-se: você está no comando de sua vida!

- A melhor maneira é aprendermos a dizer "não" e não sentir culpa por isso. Não devemos nos sentir esmagados por uma agenda atribulada. O ideal é diminuir o ritmo para conseguir aproveitar a vida.

Dica: Prefira um pouco de tempo livre entre as atividades. Um período de 10 minutos já é suficiente para dar um respiro e recompor energias.

- Procure anotar tudo o que precisa ser feito, tudo o que você quer que aconteça, isso traz uma energia positiva para sua vida.

Siga: sempre seus propósitos de vida!

Quando você possui autoestima, você está motivado. E o que é motivação? É ter motivos para agir, é ter visão de mundo. É o oposto da depressão, estágio em que uma pessoa não tem energia para agir, e inexiste a vontade de fazer qualquer coisa. Imagine uma montanha. A depressão é o pé da montanha, lá embaixo. A motivação é o pico, lá em cima.

Sou mineira, nasci na cidade de Ponte Nova, região da Zona da Mata Mineira. Hoje a cidade tem aproximadamente 60 mil habitantes. A Escola Nossa Senhora Auxiliadora, instituição de valores sólidos, alinhados com a base de minha família, foi o berço de minha formação do ensino médio. Sempre fui uma pessoa à frente de meu tempo, pelo menos me sentia assim. Desejava conhecer o mundo, experimentar sem medo de errar, com o objetivo de explorar e aprender. Depois de graduada em Letras e Pedagogia comecei a lecionar e também fui supervisora pedagógica.

Em 2006 em uma reunião pedagógica habitual na Secretaria Municipal de Educação (na época SEMEC), a Secretária de Educação mencionou um curso que seria realizado pela Unicamp em Campinas/SP com o tema "A relação normal/patológico no ensino: cérebro e linguagem". Lembro-me que fiquei entusiasmada pelo assunto, pelo local onde seria ministrado, e também perplexa, pois fui a única pessoa do grupo interessada no evento. Vislumbrei naquele curso uma possibilidade para novos caminhos em minha vida profissional.

Eu também nunca tinha ido a São Paulo, e minha mãe me dizia que seria imprudente dirigir na rodovia Presidente Dutra. Mas eu estava decidida, e fui.

Era apenas um curso, eu poderia ter voltado a Minas Gerais com a mesma visão e motivação que saí, mas sem dúvida essa foi uma iniciativa que mudou minha vida pessoal e profissional. Conheci pessoas novas, adentrei novos ares, assimilei novas formas de ver o mundo, enxerguei melhor os meus propósitos de vida. Claro que tive meus momentos de desespero, angústia, solidão... Sentia falta dos amigos e da família e do conforto que tinha em casa. Entrei em pânico, pensei até em desistir... E foi quando surgiu uma pequena possibilidade que marcaria minha carreira de uma forma especial: o ingresso através do processo seletivo para ser Oficial da Força Aérea Brasileira.

Na conclusão da formação me destaquei como número 1 da turma de Oficiais lotados na Escola de Especialistas de Aeronáutica. Dentro da FAB, entre outros projetos, idealizei e concretizei o I Seminário de Educação da Escola de Especialistas de Aeronáutica. Um projeto de muito sucesso, e que com o apoio necessário conseguiu também envolver outras instituições militares como EPCAR, UNIFA, CIAAR, AFA e DEPENS.

No dia 2 de julho de 2012 obtive a referência elogiosa pelo Comandante da Escola de Especialistas de Aeronáutica, Major Brigadeiro do Ar Jefferson Domingues de Freitas, da qual compartilho com você alguns trechos:

"Com muito sucesso o Berço dos Especialistas realizou o inédito evento I Seminário de Educação da EEAR: Desafio e Competências da Educação Militar, objetivando aprimorar o processo de ensino e aprendizagem...

...De feito bem dinâmico, criativo e didático, idealizado e concretizado pela segundo tenente Érika...

...O Comando da EEAR sente-se na obrigação de tornar público e enfatizar o desempenho pela brilhante iniciativa e pelo modo que foi conduzido e guiado o seminário, mostrando, a olhos vistos, que a dedicação à profissão e o amor à instituição 'Força Aérea' da qual fazemos parte serão sempre a baliza do profissional militar."

Essa é uma evidência e uma honra que ficarão para sempre guardadas em minha memória. Uma conquista que posso chamar de grandiosa. Mas assim como grandes conquistas, todas as vitórias devem ser comemoradas. E, mais importante do que comemorar, é crucial nos prepararmos para as próximas. Porque tudo aquilo que já conquistamos, por mais valoroso que seja, já está no passado.

E a atitude de uma pessoa resiliente não é somente a de comemorar o que já foi conquistado, mas também de pensar à frente, criar o futuro. Não qualquer futuro, mas sua melhor versão possível e imaginável. É olhar para dentro de nós e sentir orgulho do que somos e onde estamos.

A motivação deve fazer parte de nossas vidas. Todos nós temos problemas, preocupações, ansiedades, mas a resiliência nos ajuda a ter olhares diferenciados, e isso nos traz paz e serenidade para fazer escolhas assertivas.

O tempo que rege o resiliente é o presente. Comece agora a mudar a situação indesejada: estude, trabalhe, viaje, dance, seja livre. Estabeleça vínculos com pessoas que representam coragem, alegria e estímulo. A melhor saída é sempre aquela que você encontra. Lembre-se de como as conquistou e veja que pode ousar de novo. Isso traz autoconfiança. Não pense só em você, mas nos que vão se beneficiar da sua conquista ou tomar sua história como exemplo.

É necessário aprender a enfrentar a vida, pois somente você pode encontrar formas de transformá-la, para o bem ou para o mal.

Deixar os pensamentos ruins de lado é um bom início para as mudanças, pois quem perde tempo com negatividade não tem tempo para desfrutar os encantos oferecidos pela vida, contemplar o belo, muito menos de enxergar as coisas boas e simples que acontecem ao nosso redor, como abraçar, conversar, sentar à sombra, e que nos trazem alento e alegria. Deixe a escuridão e a solidão de lado para não se deixar abater pela depressão. Se você não é resiliente, aprenda a ser. A resiliência é algo concreto a todos nós. Entregue-se ao seu SER, com vontade, não faça pela metade, faça já!

Quando você está com sua autoestima elevada, Deus está em harmonia com você, apoiando e lhe dando forças para gerar as mudanças necessárias em sua vida. Dê oportunidade a você de ser melhor enquanto ser humano, de ser um vencedor! Deixe os medos fora do seu caminho, acredite nas suas capacidades, no seu potencial. Você é único, um ser ímpar, e merece ser feliz.

Convido você a fazer o teste abaixo como forma de reflexão. Para as 10 afirmativas, usando uma escala de 1 (discordo radicalmente) até 5 (concordo plenamente), marque com um "X" o valor que você acredita que mais se aproxima da sua opinião.

Seja sincero na pontuação, o exercício é para VOCÊ, para que visualize seu estágio atual e possa traçar um plano de melhoria. Resilientes possuem um propósito de vida, e com esta autorreflexão desejo que você consiga avaliar o seu e atingi-lo o mais breve possível.

1. Sempre estou procurando novas formas de melhorar a minha vida.

1	2	3	4	5
Discordo radicalmente				Concordo plenamente

2. Sempre estou procurando novas formas de melhorar a vida das pessoas ao meu redor.

1	2	3	4	5
Discordo radicalmente				Concordo plenamente

3. Busco com que os meus sonhos se tornem realidade.

1	2	3	4	5
Discordo radicalmente				Concordo plenamente

4. Quando vejo algo errado, corrijo imediatamente.

1	2	3	4	5
Discordo radicalmente				Concordo plenamente

5. Não desisto facilmente do que quero.

1	2	3	4	5
Discordo radicalmente				Concordo plenamente

6. Sei o que sou e o que quero para a minha vida.

1	2	3	4	5
Discordo radicalmente				Concordo plenamente

7. Eu sou uma pessoa criativa, dinâmica e proativa.

1	2	3	4	5
Discordo radicalmente				Concordo plenamente

8. Estou buscando novas formas para fazer as coisas.

1	2	3	4	5
Discordo radicalmente				Concordo plenamente

9. Quando sei onde quero chegar, nenhum obstáculo me detém.

1	2	3	4	5
Discordo radicalmente				Concordo plenamente

10. Sempre procuro fazer o meu melhor, em tudo que me propuser a fazer, independentemente se as pessoas vão reconhecer meu trabalho ou não.

1	2	3	4	5
Discordo radicalmente				Concordo plenamente

Outro exercício que sugiro a VOCÊ é o seguinte: invista um tempo para você e se olhe no espelho. Confira quanto tempo consegue olhar para você e depois responda mentalmente as seguintes perguntas: Você gostou de se olhar? O que você sentiu ao se olhar? O que percebeu em você que não tinha percebido antes? O que veio à sua mente quando você se olhou? Escreva suas impressões sobre você mesmo e peça a uma pessoa de confiança para ler e comentar (sem que ela saiba que são as suas impressões). Ouça o que ela tem a dizer sobre as impressões relatadas. Com isso, você conseguirá perceber melhor como as pessoas o veem.

A primeira mudança que deve acontecer em nossas vidas é a mudança interna. O que eu quero ser, onde e com quem eu desejo estar precisam condizer às nossas ações. Para saber se estamos no caminho certo para a concretização de nossos propósitos de vida, recorra novamente ao espelho e pergunte: quando me olho no espelho, sinto orgulho de mim? Gosto do que vejo? Tenho bons pensamentos em relação a minha imagem? Eu me vejo motivada? Se você respondeu não a pelo menos uma das perguntas, é hora de rever URGENTEMENTE as suas atitudes, você precisa mudar esse quadro. Pois ser resiliente é uma escolha de vida. E após se perceber, reveja o que pode ser mudado ou descartado da sua vida, e tenha CORAGEM para fazer.

A pessoa resiliente também sofre, é um ser humano, mas não se deixa abater facilmente ou se vitimiza, ela age. A maioria dos seres humanos é comodista, reclama das situações, e no momento em que é exigida uma atitude para mudar algo, não consegue agir. Quando a ação acontece por problemas emocionais, sociais ou psicológicos, o mais indicado é a terapia. Quando a origem está relacionada ao fato de a pessoa não acreditar em si ou no medo do fracasso, por exemplo, indico o método de *coaching*. Só não é indicado não fazer nada e deixar tudo como está, mas é também uma escolha.

Os benefícios de se ter autoestima são inúmeros. Minha intenção não é enumerá-los, e sim provocar a sua reflexão para a mudança que precisa fazer em sua vida. A decisão é sempre sua! Então, como vai SER?

Capítulo 4

Cada um de nós possui um ponto delicado que precisa ser cuidado

A maior aventura de um ser humano é viajar. E a maior viagem que alguém pode fazer é para dentro de si mesmo. Buscar, ousar, enfrentar a vida, não ter medo de vivê-la. Confiar em si mesmo! Se você começar a se sentir aborrecido com frequência, achar que todo problema é difícil de ser enfrentado, não encontrar mais graça nas coisas simples e boas da vida, tudo isso pode ser um sinal de que alguma coisa não está bem e precisa ser investigada mais de perto. Existem as pessoas avestruz, que ao primeiro sinal de problema enfiam a cabeça no buraco e esperam a crise passar. Com a cabeça enfiada na terra a única investigação que você irá conseguir é talvez a da qualidade do solo. Por isso, erga a cabeça e busque a origem do que o incomoda.

Alterações de humor, falta de disposição para realizar suas atividades, aumento de tensão e diminuição da alegria de viver também são sinais de alerta. É tempo de parar e indagar o que pode estar errado. É preciso iniciativa, um pouco de esforço e investimento de tempo, mas as respostas estão dentro de você, é preciso buscá-las. Se não consegue sozinho, pense na possibilidade de pedir ajuda a um profissional. Buscar automedicação ou indicação pela internet de algum "remedinho" além de ser perigoso também não traz a você as respostas que busca.

Desenvolva a RESILIÊNCIA, e isso irá ajudá-lo a não se abater com facilidade, não ficar culpando os outros pelos seus fracassos, mas vai lhe dar disposição para lutar. Afirmações como "tudo é difícil", "não consigo mudar o rumo da minha vida" ou "ninguém faz nada por mim" são pensamentos destrutivos e que não conduzem à ação. Livre-se deles e mexa-se. O que não dá é para ficar parado esperando a banda passar.

Toda mudança traz insegurança, mas se você não mudar ou pelo menos tentar mudar, a tendência é de que os problemas fiquem cada vez piores. Começarão a surgir sintomas de angústia, depressão, distúrbios, sintomas psicossomáticos entre outros, e que vão afetar além de seu estado emocional, sua saúde física. Portanto, fique alerta.

Vivemos em uma época de muitas pressões e cobranças. A competitividade do mercado de trabalho, a sobrecarga de tarefas, a preocupação com segurança e com o desemprego nos tornam estressados demais, e deixam em nós uma sensação de permanente tensão e desespero. Sentir-se mal no tempo e no espaço não é mais privilégio de nenhum astronauta.

Profissionais estão sendo forçados a se adaptarem a um ambiente de exacerbada competição, a dominar informações em intervalos de tempo cada vez mais curtos. Saber se adaptar e reajustar confortavelmente, reagir de forma inteligente às pressões e pressentir e antecipar acontecimentos, é objetivo primordial dos programas de desenvolvimento da Resiliência, como uma das competências mais valorizadas nos dias atuais.

A progressão vertical acabou, não há mais escadas. A progressão linear é passado. Não é mais assim que as carreiras funcionam. Hoje as carreiras profissionais são como um tabuleiro de xadrez, repletas de possíveis jogadas, seja para os lados, para a frente, na diagonal, o que fizer mais sentido naquele momento. Uma trajetória profissional é um portfólio de projetos que lhe ensinam novas habilidades, lhe conferem novos conhecimentos especializados, aumentam seu rol de colegas e, constantemente, reinventam VOCÊ.

Os indivíduos resilientes têm sido descritos como possuidores de uma inteligência emocional ativa, otimistas, confiantes, pessoas com força de ego, perseverança, flexibilidade e habilidade para resolver problemas. A resiliência consiste no equilíbrio entre a tensão e a habilidade de lutar, de atingir outro nível de consciência, que nos traz uma mudança de comportamento e a capacidade de lidar com os obstáculos da vida profissional.

Na vida podemos ser problema ou solução. Se você for do tipo só problema, dificilmente conseguirá reunir pessoas em sua caminhada, pois o ser humano costuma evitar os problemas. Se você for do tipo solução, parabéns. Com certeza você estará cercado de pessoas que desejam a sua presença e se guiam pelo seu exemplo e sabedoria.

A experiência e bagagem dos atendimentos que realizo me mostram que a maioria das pessoas conhece pouco de si mesmas. Desconhecem quem são de verdade, do que gostam e do que desgostam. Muitas vezes estão tão habituadas a viver a vida pela vontade de outros e a professarem as verdades alheias que se esquecem de olhar para si e agir de acordo com suas próprias vontades.

A primeira providência é voltar-se para si, alinhando o que você vê e sente a seu respeito. Ter segurança do que deseja, conhecer o que o torna feliz, identificar o que o desagrada. Pois, somente quando você se conhece e se aceita torna possível a ação recíproca.

A fase de autoconhecimento obrigatoriamente deve resultar em uma real elucidação, não só dos desejos, gostos e pontos positivos, assim como deve identificar e promover o reconhecimento das próprias falhas e limitações. Após esse passo você estará preparado para entender melhor as situações e as pessoas ao seu redor.

O dia tem 24 horas, que podemos dividi-las em 8 horas para cultura, lazer e entretenimento, 8 horas para descanso (o sono), e 8 horas para o trabalho e a construção do progresso material. O sono é essencial para repormos a nossa energia, e cuidado: não leve seus problemas para a cama, o sono é sagrado! Muitas vezes não damos conta deste ciclo saudável, desrespeitamos o planejamento estratégico de nossas vidas e, inadvertidamente, comprometemos a qualidade de vida.

"Quem teve a ideia de cortar o tempo em fatias, a que se deu o nome de ano, foi um indivíduo genial.

Industrializou a esperança, fazendo-a funcionar no limite da exaustão.

Doze meses dão para qualquer ser humano se cansar e entregar os pontos. Aí entra o milagre da renovação e tudo começa outra vez, com outro número e outra vontade de acreditar que daqui pra diante vai ser diferente."

Carlos Drummond de Andrade

A verdadeira resiliência está na força interior, que pode ser acionada, com equilíbrio, em equacionarmos o tempo, seja para cada função, seja na aplicação das habilidades e ferramentas técnicas de negociação, como a prática do afeto para as relações humanas.

Esteja preparado para as adversidades que encontrar pelo caminho, e para aqueles que desejarão minar sua iniciativa de mudança. Devemos acreditar que as pessoas são boas em essência e torcem pelo sucesso alheio. Infelizmente algumas fogem a essa regra, e para essas você diz "não". É melhor ir sozinho do que mal acompanhado.

Lembrando novamente que nossos pensamentos são mecanismos importantes tanto para o fracasso quanto para o sucesso. Se você deixar que os pensamentos ruins tomem conta de você, dificilmente conseguirá acionar a sua resiliência, pois são emoções negativas que sabotam a sua própria vida. Então, quando começar a entrar nessa "frequência" de pensamentos prejudiciais como rancor, mágoa, inveja, medo, entre outros, mude de estação. COMO?

Todos nós precisamos de uma válvula de escape. Caminhe, se exercite, dance, cante, assista a um bom filme, converse com um amigo, brinque com seu filho, só não permita que seus pensamentos virem "monstros" que o impeçam de acionar a sua resiliência.

A nossa inteligência emocional e nosso estado mental são importantíssimos para enfrentarmos as pressões, os obstáculos e as adversidades da vida sem adoecer. Não é à toa que a depressão e a ansiedade são consideradas os "males do século", não só por atingir uma grande parcela dos seres humanos, mas por consumirem as suas energias a tal ponto de fazê-los se esquecer de seus valores, seus propósitos de vida, sua felicidade.

> "Quanto mais alto seu nível de energia, mais eficiente seu corpo. Quanto mais eficiente o seu corpo, melhor você se sentirá e mais você utilizará seu talento para produzir resultados extraordinários."
>
> Anthony Robbins

Dicas para ter estado emocional favorável à resiliência:
- Seja realista e perceba as oportunidades nas adversidades, nas dificuldades ou nos obstáculos da vida;
- Lembre-se das situações que já foram superadas;
- Acorde determinado para VENCER;
- Acredite em VOCÊ;
- Saiba recomeçar quando necessário;
- Separe o que é IMPORTANTE do que é URGENTE;
- Aprenda com as situações adversas;
- Curta o caminho, contemple as coisas boas;

- Conheça você, seus pontos frágeis e os proteja para que tenha qualidade de vida. Tenha tempo para evoluir e trabalhar a sua resiliência. Essa ATITUDE transforma VIDAS.

"Melhor do que alcançar seus sonhos é ir além."

André Franco

Capítulo 5

Por que certas pessoas são capazes de se levantar mesmo depois de um grande trauma e outras não?

Estudos têm sugerido algumas explicações:

- A biologia defende o ponto de vista de que cada ser humano é dotado de um potencial genético que faz com que ele seja mais resistente que outros.
- A psicologia vê a importância do relacionamento com a família, principalmente na infância, que vai construir a capacidade de suportar crises.
- A sociologia diz que a influência da cultura, das tradições é que é importante.
- A teologia vê a necessidade do sofrimento como fator de evolução espiritual: o "dar a outra face".

Independente da explicação, o que devemos considerar é que existe o grupo daqueles que conseguem retomar a vida mesmo com o que podemos até classificar como tragédias, como a perda de um filho, uma amputação, graves doenças físicas ou psíquicas. E o grupo daqueles que nem mesmo possuem iniciativa para tentar, o que dirá retomar algo.

Quando se trata do comportamento humano, a palavra resiliência significa a habilidade de lidar e superar adversidades, transformando experiências negativas em aprendizado e oportunidade de mudança. Ou seja, "dar a volta por cima".

Quantas pessoas você conhece que passaram por traumas, tragédias, experiências ruins e conseguiram se restabelecer? O que elas têm de diferente?

Razões podem existir diversas, mas com certeza essas pessoas souberam resgatar a "força interior" e utilizaram a resiliência para superar a crise. A palavra "se" não existe em seus vocabulários, mas sim a capacidade de elaborar respostas positivas e eficazes, a fim de enfrentarem traumas, perdas, transformações, rupturas e desafios.

Se a sua habilidade de resiliência ainda não está 100% desenvolvida, não se preocupe, sempre é tempo de estudar e aprimorar. Uma postura resiliente enxerga as situações com mais clareza e tem discernimento para classificá-las, separando problemas de questões triviais, que apenas dependem de uma decisão "comum".

Tudo é questão de escolha, e todos temos direito de fazer nossas próprias escolhas. Nem sempre acertamos, mas isso não significa que erramos ou que devemos colocar em dúvida nossa capacidade. As dúvidas, a hesitação e o frio na barriga fazem parte da tomada de decisão, e que somados à resiliência que carregamos nos tornam fortes e assertivos.

Lembro-me como se fosse hoje. Marcela, casada, trabalhadora, mãe de três filhos e superpositiva. Eu a conheci na faculdade, ela lecionava Linguística. Muito extrovertida, uma ótima companhia nos intervalos para um papo agradável e descontraído. Certo dia, ela entrou na sala dos professores chorando, agitada, transtornada, nem de longe se parecia com a Marcela dos intervalos. Prontamente fui até ela e ofereci meu apoio, ela quis desabafar.

Disse-me que sua vida era boa, ou pelo menos até então ela assim a considerava. Tinha saúde, família, emprego, lazer, enfim, tudo o que uma pessoa basicamente precisa para estar feliz. Mas, ela tinha descoberto que o marido a traía, e essa notícia abalou o seu mundo. Seu primeiro pensamento foi matar a amante, depois o marido, e depois cometer suicídio. Com essa afirmação sem dúvida alguma ela se encontrava em uma situação de risco, apresentando sintomas psicossomáticos visíveis como sudorese e delírio. Ela só desejava fazer "justiça", não conseguia literalmente pensar em mais nada.

Diante daquele quadro, deixei-a na sala de professores, tranquei a porta e procurei a direção da faculdade.

Sem entrar em detalhes, mencionei que a Marcela não estava se sentindo bem e que precisava ser levada ao hospital. Saindo da faculdade fomos ao pronto-socorro. Sua pressão estava muito baixa e ela foi medicada. Ela não desejava voltar para casa naquele momento, então avisamos sua filha que ela não dormiria em casa naquela noite, que estava em minha casa e que estava bem.

Em minha casa a ouvi com muita atenção, deixando-a desabafar e chorar, não era o momento de intervir. Cansada e também afetada pela medicação, ela adormeceu. No dia seguinte quando acordou, após um banho e café, fiz minha primeira aproximação. Eu precisava saber o que ela sentia e no que estava pensando. Mediei sua reflexão, suas emoções e seu entendimento daquela situação buscando o melhor equilíbrio possível.

A situação é desagradável, constrangedora, e acredito que ninguém se prepara ou já tenha respostas para enfrentar uma traição. Por isso a resiliência em um momento como esse é ainda mais primordial, pois evita que emoções e pensamentos desordenados gerem atitudes precipitadas e até por se dizer desastrosas.

Com a Marcela realizei um trabalho de terapia e de *coaching*, levando-a para uma reflexão resiliente, de forma que mesmo sofrendo, ela conseguisse avaliar o que era bom, o que era ruim em sua relação com o marido, o que ela pretendia para o futuro e quais eram seus sentimentos independentemente do que tenha acontecido. Essa reflexão era fundamental para uma melhor tomada de decisão, fosse ela de perdoar ou separar.

Não é questão de ser frio, mas de buscar serenidade e entendimento num ambiente que não é favorável a isso. Com raiva, mágoa, e pensamentos de homicídio e suicídio, com certeza o resultado não seria favorável para ninguém.

Marcela voltou para casa, conversou com o marido, juntos discutiram a relação e ela tomou a decisão de perdoá-lo. Se a decisão de Marcela foi acertada, se ela deveria ou não ter perdoado seu marido, não cabe a nós julgar. O importante nesse relato foi primeiro a sua atitude em entender que naquele momento de crise ela precisava de ajuda, segundo, ter aceitado receber o tratamento necessário para que ela pudesse expandir seus horizontes quanto ao que avaliar e terceiro, ter sido resiliente enfrentando a situação e realizando as escolhas que faziam sentido para a sua vida.

> *"Não poderás ajudar aos homens de maneira permanente se fizeres por eles aquilo que eles podem e devem fazer por si próprios."*
>
> Abraham Lincoln

Poderia citar vários outros nomes de famosos resilientes, mas meu objetivo é maior do que mostrá-los a você e fazer você se identificar com eles. Meu objetivo é fazer você refletir que a mudança que você tem que fazer na sua vida começa por você. Olhe ao seu redor, procure conhecer histórias de pessoas do seu convívio social que são resilientes, observe e as use como exemplos, se preciso. O que é bom e funciona deve ser copiado, não existe vergonha em seguir moldes que valham a pena. Eis outra coisa que desejo a você: que saiba enxergar com a alma – "Só se vê bem com o coração e o essencial é invisível para os olhos", do livro O *Pequeno Príncipe*.

Seja grato às adversidades, obstáculos, conflitos que aparecem em sua vida, pois eles nos ensinam a nos tornar pessoas melhores, nos ensinam a exercer a tolerância, a compaixão, o autocontrole, a humildade, e com isso a resiliência. Esses confrontos nos tornam fortes, nos lapidam, para que a nossa "luz interior" brilhe.

Muito mais do que acreditar nisso, pratique diariamente. Acorde pela manhã exercitando bons pensamentos, tendo fé em seus propósitos, perdoando, e encarando seus problemas com sabedoria. Ter sabedoria, além de acionar a sua resiliência, é também ter serenidade para controlar suas emoções e conseguir visualizar o melhor caminho. Acredite, é possível ter uma vida regada de equilíbrio, paz, humor, e crescimento em todos os aspectos e aprendizado que geram mudanças positivas.

Faça suas escolhas!

> *"O dia está na minha frente esperando para ser o que eu quiser. E aqui estou eu, o escultor que pode dar forma. Tudo depende só de mim."*
>
> Charles Chaplin

Vença a procrastinação! O que você pode fazer imediatamente para acionar a sua resiliência e transformar a sua vida? Qual atitude você pode executar agora para conseguir seus propósitos de vida?

A escolha é sua, lembre-se sempre disso. Meu desejo é: que VOCÊ saiba escolher o melhor caminho para sua vida!

Capítulo 6

Ser resiliente é ser feliz!

Em uma viagem de avião se leva apenas o necessário, não se leva metade do guarda-roupa, carro e outros "empecilhos". Quando buscar a paz, a felicidade, procure também levar só o que é essencial, o sentimento, porque o resto é apenas fardo que pesa nos ombros. Alguns acreditam que superar, enfrentar, é fazer o "jogo do contente", mero engano. Sorrir feito um joão-bobo apenas para fazer as pessoas pensarem que está tudo bem não resolve o problema. A felicidade se constrói olhando para dentro do coração, assim como a resiliência!

Existem aquelas pessoas facilmente influenciáveis, para as quais o estado de espírito do outro se reflete no seu próprio comportamento. Se o outro está mal, ela fica mal. Se está feliz, é porque o outro está feliz. E os reativos, que respondem da mesma forma como são tratados, buscando "pagar" na mesma moeda.

A revolta é uma das características de comportamento do não resiliente. "Isso não deveria ser assim", "Aquele cara fez aquilo, ele não poderia ter feito". Se sentir inconformado, julgar pelo que "não deveria", "não poderia", somente olhar para o quintal dos outros sem cuidar do seu próprio jardim.

Desenvolvendo e aprendendo a ser resiliente você aprende a confrontar as situações, enfrentar as tensões, ter desenvoltura, e de cada experiência tirar uma lição positiva. Ao invés de focar no problema, você aprende a focar na busca da solução.

A RESILIÊNCIA não é um traço de caráter hereditário, que você tem ou deixa de ter, é uma conquista pessoal.

Não é à toa que você cresce mais como ser humano justamente nos momentos de dificuldade. O ser humano precisa enfrentar desafios para testar seus limites, ou estará fadado à sua condição medíocre. Cada mudança exige abandonar velhos hábitos e desenvolver novos, exigências que nos fazem evoluir.

Para se tornar uma pessoa resiliente, é preciso força de vontade e trabalho constante. Se não consegue sozinho, não hesite em contar com a ajuda de um profissional. Procurar um profissional não é sinônimo de que está ficando louco, vamos quebrar esse paradigma. A terapia pode lhe ensinar a ter mais tolerância às mudanças, a definir objetivos de vida, a ser mais otimista, a respeitar seu próprio comportamento e a fortalecer sua estrutura emocional.

Felicidade não é uma vida sem problemas, pois vida sem problemas é tédio. A vida é feita de desafios, e o grande pensador Erich FROMM (1900-1980) difundiu no mundo acadêmico e científico seu conceito para felicidade: "FELICIDADE: é uma conquista sociocultural concreta, ato de responsabilizar por si mesmo..."

Não tenha medo de errar, o erro também nos direciona para o caminho certo. As lições amargas também fazem parte da vida, e muitas vezes nestes momentos de desgosto é que descobrimos a verdadeira felicidade, o quanto ela é simples e singela, que só precisamos saber valorizar e reconhecer nossas conquistas diárias. A felicidade se constrói olhando para dentro do coração, no seu íntimo. Busque caminhar e viver o seu momento com o que faz você feliz, o resto é incerto e apenas o dom da vida é real e prossegue.

A vida é repleta de coisas boas. Sendo muito sucinta listei 25 situações que nos remetem à felicidade, a uma sensação prazerosa e de bem-estar. Com certeza você se lembrará de outras, e ficarei feliz se a sua lista tiver pelo menos o dobro de situações das que eu cito neste livro. Às vezes valorizamos demais nossas derrotas, nossas perdas, quando na verdade sempre que acordamos temos uma vitória. Algumas situações nos remetem a segundos de felicidade, outras a horas, outras talvez a uma vida inteira se aplicadas com sabedoria.

- Apaixonar-se pela pessoa certa e ser correspondido;
- Rir até não aguentar mais;
- Tomar um banho quentinho, naquele dia frio;
- Entrar em uma loja e comprar o que precisa ou o que quer, à vista;
- Dirigir em uma bela estrada;
- Escutar uma boa música;
- Dormir com aquele barulhinho de chuva;
- Comer uma boa comida;
- Cheiro de terra molhada;
- Ter uma boa conversa;
- Para aqueles que gostam de praia, contemplar o mar, o sol, a areia;
- Para quem curte a natureza, chegar ao topo de uma montanha, acampar, contemplar o pôr do sol;
- Acidentalmente ouvir alguém falar bem de você;
- Rir de algo que acabou de lembrar, assim, do nada;
- Receber um elogio;
- Acordar e descobrir que ainda está cedo e poder dormir mais um pouquinho;
- Sonhar com coisas boas;
- Realizar um sonho;
- Empacotar presentes;

- Raspar a panela de brigadeiro;
- Enxergar o lado bom da vida e das pessoas;
- Dormir abraçado com a pessoa amada;
- Constatar que você é abençoado por DEUS;
- Acordar de manhã e poder agradecer;
- Acordar de manhã e poder recomeçar.

Para que sejamos resilientes e felizes, preste atenção na seguinte afirmação: o mau humor começa pela manhã. E as nossas derrotas também. Estudos mostram que sua disposição para o dia é determinada nos primeiros 30 minutos em que se está desperto. O início do dia é o marco para experimentar as coisas boas. Por isso, é importante não levarmos para a cama os nossos problemas, o sono é reparador, recarrega a nossa "bateria".

Veja agora algumas dicas para dormir melhor:

1. Durma apenas o tempo suficiente para se sentir bem. Ficar na cama mais do que o necessário não é indicado.
2. À noite evite tomar café.
3. Também evite bebidas alcoólicas e cigarros. Depois de beber ou fumar, o sono não é o mesmo, e ainda se corre o risco de não acordar bem no dia seguinte.

4. Procure dentro do possível manter horários regulares para se deitar e acordar.
5. Tenha uma alimentação saudável.
6. Ler um livro ou assistir a um filme antes de dormir pode desencadear emoções fortes e afetar o seu sono.
7. Evite "brigar" com a cama. Se sentir dificuldade para dormir, levante, ouça uma música suave, tome um chá, e volte para a cama com o espírito em paz.

Outra questão é que se não vivo bem comigo mesmo, não atrairei pessoas felizes e resilientes. Preciso ser uma pessoa realizada para encontrar outras pessoas realizadas. Primeiro me amo, para depois trazer alguém para complementar a minha vida com os valores que acredito. Conheça a si, perceba as mudanças necessárias para sua vida e não perca tempo com coisas que nada acrescentam a você.

Então, você é feliz? Felicidade é algo básico. Quando você está feliz as janelas de sua alma se abrem e você enxerga oportunidades, absorve o que é bom e descarta o que não mais interessa.

Vamos refletir sobre uma história para que você pense e construa um pouco mais seu enredo. Um enredo em que a felicidade está a um passo. Um pouco antes do desespero, do desistir...

Certo cidadão andava pelo campo. Quando menos esperava à sua frente estava um urso enorme. Não pensou duas vezes, deu meia-volta e saiu numa correria tremenda. No primeiro precipício que viu jogou-se de cabeça, e quando estava a caminho, despencando abismo abaixo, agarrou-se a um dos galhos antes de se arrebentar no chão. Suspirou profundamente e agradeceu a seu Senhor.

Quando olhou para baixo não acreditou no que viu: dois tigres o aguardavam. Não se desesperou, olhou para sua esquerda e viu morangos lindos e maravilhosos. Colheu um daqueles frutos, analisou-o e deliciosamente o degustou.

Autor desconhecido

Não esqueça: os morangos são as suas oportunidades e devemos sempre absorver o que é bom e descartar o que não interessa. Portanto, em situações difíceis, coma o morango.

Para ter êxito em se tornar a pessoa que deseja ser, elimine de uma vez por todas o problema persistente chamado MEDO DO FRACASSO.

Todos, em uma ou outra ocasião, sentiram-se um completo fracasso. Muitos deixaram que esse medo os destruísse. Na verdade, o medo é muito mais destrutivo do que o fracasso. Em todas as áreas da vida, esse medo pode derrotá-lo antes que você comece qualquer coisa. O resiliente não tem medo de fracassar, porque sabe que sempre é tempo de recomeçar!

Outra história para inspirá-lo...

Num mosteiro, um monge cuidava de um vaso – uma relíquia de cinco mil anos. Todos os dias ele cuidadosamente repetia o mesmo ritual e cumpria a missão que seu mestre lhe havia confiado.

Num belo dia, um companheiro – outro monge – aproximou-se e disse: "A partir de agora vou cuidar deste vaso, pois possuo muito mais eficiência e eficácia do que você".

Instalou-se ali um conflito e ambos foram ter com o mestre. Colocaram o vaso em frente a ele e o primeiro monge declarou: "Mestre, cuido deste vaso há alguns anos. Uma missão que o senhor me confiou. Agora, meu colega afirma que ele possui muito mais eficiência e eficácia do que eu".

O mestre, sem dizer uma palavra, sacou uma espada e destruiu aquele vaso inteirinho. Em lágrimas perguntaram ao mestre: "Por que o senhor destruiu o vaso? Essa relíquia de cinco mil anos?"

O mestre respondeu: "Esse vaso não era mais um vaso, mas um problema e problemas devem ser destruídos eliminados".

Declaro e determino que: Seu nome é Felicidade. Faça parte da vida daqueles que têm amigos, pois ter amigos é ser feliz. Faça parte da vida daqueles que vivem cercados por pessoas como você, pois viver assim é ser feliz! Faça parte da vida daqueles que acreditam que ontem é passado, amanhã é futuro e hoje é uma dádiva, por isso é também chamado de presente. Faça parte da vida daqueles que acreditam na força do amor, que acreditam que para uma história bonita não há ponto final.

> *"... os ingredientes para a felicidade: um sim, um não, uma reta e uma meta".*
>
> Nietzsche

Tudo no final sempre dá certo, e se ainda não deu, é porque não chegou ao final. Construa o seu enredo...

Capítulo 7

Resiliência para quê?

Na vida é preciso desenvolver a resiliência para conseguirmos passar pelas fases da infância, adolescência, fase adulta e melhor idade aproveitando cada etapa de forma saudável e adequada.

Quem não tem resiliência é o chamado "homem de vidro", que é aquele que se "quebra" diante de qualquer pressão. O poema a seguir descreve este exemplo:

> *"Hoje, a tristeza me visitou. Tocou a campainha, subiu as escadas, bateu à porta e entrou. Não ofereci resistência. Hoje, a doença também me visitou. Chegou sem pedir licença, invadindo o ambiente. Hoje, problemas do passado também me visitaram. Não vieram pelo telefone vieram pelo correio, impressos em papel e letras de baixa qualidade, anunciando sua condição de fantasmas eternos".*

Diante desse quadro, não há como deixar de sentir-se apequenado. O desânimo comparece em ombros arqueados e olhos sem brilho que pedem para derramar lágrimas. Então, choro. É o comportamento do não resiliente.

Aprendi que não adianta "brigar" com os problemas ou tentar ignorá-los. Se você não os enfrenta, acaba destruído por eles. E quando você não soluciona de forma adequada, eles continuam lá, ganhando mais força.

A felicidade não é a ausência de problemas. A ausência de problemas é o tédio, como já disse. Felicidade são grandes problemas bem administrados. O importante é aprender a combater as doenças da mente, esse é o trabalho da terapia. Percebê-las, identificá-las, respeitá-las e, aniquilá-las. Se hoje você ainda perde o controle diante do primeiro problema, não se aflija. É possível desenvolver a habilidade necessária para este enfrentamento, e a terapia pode ajudá-lo com isso.

Qual a diferença entre um resiliente e um não resiliente?

Essa é a história de um paciente, hoje um grande amigo, que nos ajudará a responder esta pergunta.

Quando me procurou, João estava depressivo, originado pelo diagnóstico de câncer nos testículos que havia recebido. Ele já tinha o acompanhamento de um psiquiatra, e meu papel era de psicanalista.

João me conheceu em uma palestra que ministrei na faculdade, e ao término do evento se aproximou com uma série de questionamentos para mim, inclusive com certo grau de ironia: "Então você venceu a morte e acha que todo mundo pode ser resiliente como você?" Duvido, já foi sua pronta resposta. Sugeri a ele que me procurasse em meu consultório, assim poderíamos iniciar um trabalho conjunto.

Na agenda marcada ele compareceu, e lembro-me como se fosse hoje. Ao adentrar a sala, eram os primeiros minutos em que ele estava ali, e sua primeira afirmação foi "Ninguém vence esta doença" – ele não mencionava a palavra câncer. Continuou dizendo que já tinha desistido de viver, pois seu maior sonho, que era o de ser pai, ele não poderia realizar. Depois citou DEUS, dizendo que Ele não se importava com o seu sofrimento, e muitas lágrimas foram derramadas. Esta foi a nossa primeira sessão, quando apenas escutei o que ele tinha para me contar.

A postura dele era totalmente defensiva. Ele estava sendo vencido pela doença, sem perspectiva, sem esperança, e por isso fazê-lo reconhecer dentro de si o poder de sua resiliência era um grande desafio. Ele tinha interrompido a quimioterapia, parou seus estudos, parou de viver, estava, nas palavras de João, esperando a morte chegar.

As sessões psicanalíticas e ferramentas de *coaching* fizeram-no despertar a própria resiliência, e começar a perceber que sua vida não tinha chegado ao fim. Ele começou reconhecendo o valor da família que estava ao seu lado, dos amigos que o apoiavam e de sua namorada, com quem ele tinha decidido terminar a fim de evitar o sofrimento dela. Esse foi o início, para abrirmos dentro do EU de João diversas possibilidades de ele continuar na luta pela sua vida.

Ele também retomou a quimioterapia, e voltou a acreditar em sua possibilidade de cura através do tratamento. Sua postura resiliente estava conferindo um novo rumo à sua jornada.

O final desta história parece um conto de fadas, no qual os desejos se realizam. João está curado e tem um filho legítimo de sete anos de idade. É um administrador de empresas bem-sucedido e palestrante motivacional. Veste-se de palhaço e visita alas infantis dos hospitais, especialmente as oncológicas.

Ser resiliente é uma escolha. Se João permanecesse com seu pensamento inicial de continuar aguardando a morte chegar, muito provavelmente o final de sua história seria bem diferente, e o conto de fadas se transformaria em um trágico enredo. A postura resiliente é determinante para enfrentarmos qualquer tipo de situação adversa, conflituosa, pois ela faz com que não nos esqueçamos de enxergar quem somos, e o que queremos para a nossa vida.

Ele escolheu mudar, mesmo com possibilidades bastante restritas, com pouca esperança, mas ousou. Ouse você também, faça uma escolha assertiva para a sua vida.

A escolha assertiva é aquela que acontece quando o indivíduo, no pleno uso da sua liberdade de "escolha", utiliza o raciocínio e orienta a vontade, de modo a pensar construtivamente e a atuar em sintonia com os seus interesses mais elevados sem deixar de levar em conta os interesses dos que o cercam.

Desenvolver a assertividade é muito mais do que aprender a falar de maneira diferente, requer aprender a aceitar e a identificar o que se sente, a observar o que se pensa, a pensar com lógica construtiva, a vibrar com confiança em si mesmo e a escolher comportar-se positivamente nas diversas situações em que se encontrar.

As pessoas precisam aprender a observar. Por meio da simplicidade, descobrirão que possuem capacidade de se tornarem pessoas sinceras, humildes e, principalmente, mais "humanas". Deixarão de lado mesquinharias, de reclamar de coisas que não têm tanto significado e enxergarão o verdadeiro valor da vida. Aprenderão a se sentir "sortudos" por possuírem filhos, cônjuge, sogro, sogra, cunhado, amigos, enfim, pessoas que estão em seu entorno, independentemente das falhas e imperfeições que cada uma carrega.

É inevitável lembrar que atraímos pessoas semelhantes a nós, e os defeitos que enxergamos no outro são um reflexo de nós mesmos, como se houvesse um espelho entre o mundo real e o imaginário que não enxergamos, mas do qual sabemos a existência.

O que limita o ser humano não são somente os fatos ou as situações adversas em si, mas sim o significado das atitudes. Por que duas pessoas com as mesmas oportunidades dentro de uma instituição obtêm resultados distintos? Por que dois irmãos criados pelos mesmos pais e no mesmo ambiente apresentam trajetórias totalmente diferentes? Como você se percebe, como reage às situações, como toma as suas decisões, são todos fatores que influenciam a sua ATITUDE, e direcionam sua vida.

Capítulo 8

Aprendendo a ser resiliente

Para alguns, a resiliência é uma característica de nascença. "Algumas pessoas já nascem mais resilientes, assim como outras nascem mais agressivas ou mais passivas. Elas já têm uma capacidade de se reestruturar e se transformar dependendo do desafio", diz Rossi.

No entanto, essa capacidade pode ser aprendida em qualquer fase da vida. Além disso, resiliência não é uma característica que você possui ou não: você a desenvolve em maior ou menor grau, cada indivíduo tem o seu próprio meio de lidar com o estresse.

Sugestões para acionar ou fortalecer a resiliência dentro de você:

1) Esteja próximo de pessoas otimistas, batalhadoras, que não ficam lamentando todo

o tempo sobre situações passadas e que não guardam mágoas.

2) Tenha uma boa noite de sono, ela é imprescindível para você manter a sua saúde e recompor a energia vital.

3) Escreva os seus objetivos a curto, médio e longo prazos. Separe o que é importante, do que é urgente.

4) Elabore sua *playlist*: a música pode ser usada beneficamente para o nosso estado mental e emocional. Faça uma lista de suas músicas preferidas, evitando as de letras melancólicas, e as ouça quando precisar fortificar a sua resiliência.

5) Escolha um lugar tranquilo, dê preferência ao ar livre, próximo à natureza. Inspire profundamente, solte o ar devagar e relaxe.

6) Visite um asilo, esteja disposto a ser ouvinte por algumas horas. Para pessoas na melhor idade, ser ouvido é sinônimo de felicidade.

7) Converse consigo mesmo e diga o quanto merece e pode ser feliz, e quantas outras afirmações desejar. As palavras têm poder.

8) Dedique tempo para cuidar de seu visual, se divertir, dê importância ao que é mais importante: VOCÊ!

9) Fale com as pessoas que ama, diga a elas o quanto as ama e o quanto são importantes em sua vida.

10) Evite perder tempo com situações que não agregam conhecimento ou valor à sua vida.

As 7 regras de diamante para manter a sua resiliência:

1) Flexibilidade: já que é certo que mudanças acontecem, para saber lidar com o novo a flexibilidade é primordial.
2) Ousadia: enfrentar os riscos necessários e não ter medo de fracassar.
3) Qualidade de vida: cuidar de si e do que lhe pertence. Sua saúde é preciosa, ame-se muito.
4) Desafios: atrever-se a fazer algo inusitado, a experimentar uma nova técnica, aplicar um novo conceito.
5) Dê valor a vida: viver é ser criativo, dinâmico, proativo, assertivo. Valorize suas escolhas, pois diariamente nossas ações nos conduzem aos objetivos que traçamos.
6) Aprendizado: buscar se conhecer e recorrer a lições aprendidas. O aprendizado é contínuo e diário, mas incorrer nos mesmos erros é falta de atenção.
7) Realização: realizar é a soma do sonho com a ação para concretizar o que você deseja. O sonho sem ação é apenas um sonho. O sonho com a ação é uma realidade.

Os diamantes são eternos

O diamante nasce bruto, e para se tornar a pedra preciosa que conhecemos, é necessário que seja lapidado. As pessoas também podem lapidar suas vidas, melhorando e evoluindo a cada dia, é uma questão de escolha. O que eu quero para a minha vida? O que sou? Aonde quero chegar? O que preciso melhorar? O que preciso mudar?

Todos nascemos com uma luz própria, ou seja, nascemos para brilhar! Alguns precisam de um pouco de calor e pressão, como na lapidação do diamante, para resgatar a resiliência e permitir que sua luz irradie. Outros infelizmente escolhem permanecer brutos, e se condenam em sua própria escuridão.

Os resilientes fazem história, deixam suas marcas, iluminam o caminho com sua luz interior, porque não se deixam abater por caos, decepção, sofrimento, mágoa, angústia e pressões. Transformam sua vivência diária em aprendizado, buscando se tornar uma pessoa melhor, um diamante lapidado. Não perdem tempo com assuntos fúteis, com sentimentos mesquinhos, e são felizes e realizados, respeitando e ajudando os outros a também buscarem sua lapidação.

Em seu caminho, as "pessoas diamante" estão abertas para aprender, pois reconhecem que são seres inacabados, e que o conhecimento as ajuda em sua lapidação. É uma troca constante, entre compartilhar a luz e buscar aperfeiçoá-la.

Oração do Resiliente
Por Érika Stancolovich

Senhor, fazei-me seu instrumento.
Sobretudo me dê discernimento para enxergar o que é realmente importante em minha vida.
Ensina-me, Senhor, que a direção é mais importante que a velocidade.
Ajude-me a não perder tempo com situações fúteis, que nada acrescentarão em minha vida.
Ajude-me a perdoar, a me doar, a aprender com os meus erros e, principalmente, Senhor, a não desistir de lutar pelos meus propósitos de vida.
Que toda a adversidade ou todo o obstáculo que cruzar o meu caminho, que eu enfrente com dignidade e sabedoria, acreditando sempre que o Senhor nunca irá me desamparar.
Não me deixe esquecer que o Senhor me criou para SER feliz.
E que a paz sempre reine em meu coração. Amém.

Capítulo 9

O líder que existe em você!

*"Aquele que conhece os outros é sábio.
Aquele que conhece a si mesmo é iluminado.
Aquele que vence os outros é forte.
Aquele que vence a si mesmo é poderoso."*

Lao Tse

"Conheça-te a ti mesmo...". Essa inscrição encontrada na antiga Grécia era o princípio das crenças de Sócrates, e nos reforça que o autoconhecimento é a base necessária para gerar mudanças positivas em nossas vidas. Podemos buscar respostas em diversas fontes, mas o que precisamos verdadeiramente está dentro de nós.

Tenho notado que durante a formação profissional as pessoas se focam em suas áreas de especialidade somente, buscando conteúdo técnico e científico nas faculdades, MBAs e diversos treinamentos. Mas estou cada vez mais convencida de que se desejamos construir famílias mais felizes, empresas ou escolas mais saudáveis, e comunidades mais solidárias, temos que compreender outros valores além do que é técnico, a exemplo da liderança. Precisamos cada vez mais formar líderes, e não apenas seguidores.

> *"Quanto mais baixa a capacidade de liderança de uma pessoa, mais baixo o limite em seu potencial. Quanto maior a capacidade de liderar, maior o limite em seu potencial."*
>
> Jonh Maxwell

Liderança tem efeito multiplicador. Quando equipes talentosas não vencem, observe sua liderança e você encontrará algumas respostas para o insucesso. Avalie agora a sua capacidade de liderança. Se necessário peça um *feedback* sincero e direto, e com base nas respostas reveja aspectos como sua habilidade para lidar com pessoas, qualidade dos relacionamentos, capacidade de planejamento e pensamento estratégico. O quanto você está disposto a crescer em liderança?

Liderança é a habilidade de inspirar as pessoas a agir. Significa conquistá-las por inteiro: espírito, coração, mente, braços, pernas... E aí está a diferença entre poder e autoridade. Quando você tem poder, as pessoas fazem a sua vontade mesmo que não desejam. Quando você tem autoridade, as pessoas voluntariamente fazem a sua vontade, por causa da sua influência pessoal. Isso é que faz um grande líder.

Entretanto, é preciso saber liderar a si mesmo. Conseguir estabelecer as suas próprias metas, rumo aos seus propósitos de vida. Cada pessoa tem sua maneira de ser, tem seu tempo de perceber e fazer as coisas, por isso é necessário saber encontrar as alternativas importantes para a melhoria do seu desempenho, seja qual for a atividade ou situação a ser desenvolvida.

"Preciso fazer algo resolve mais do que algo precisa ser feito", Henry Kissinger. Assuma as rédeas da sua vida. Seja você o provocador de mudanças. Saiba fazer as perguntas certas, assuma suas responsabilidades, seja o guia de sua vida, e assim poderá também se tornar um líder para outras pessoas.

Você precisa identificar por que as pessoas o respeitam. O que você é ou o que você está? Elas respeitam a sua pessoa como ser humano ou a respeitam devido ao título ou cargo que você possui? É fácil alguém se dizer líder quando exerce o poder pela força da hierarquia. Você só aprende a praticar a liderança verdadeira quando consegue isolar essas variáveis e exercer influência pelo carisma, pela empatia, pelo exemplo, pelo comprometimento e pelo engajamento pessoal. Você se torna uma pessoa mais nobre quando, ao invés de reclamar à secretária que deixou o telefone tocar por se ausentar da sala, atende você mesmo o telefone, anota o recado e passa para ela depois.

> *"Eu não preciso gostar de você, mas, como seu líder, tenho de amá-lo. Tenho de querer que você seja o melhor que você pode ser e ajudá-lo a fazer isso. Tenho de ouvi-lo, respeitá-lo, reconhecê-lo, inspirá-lo a agir... O conceito de amor, aqui, significa o que você faz, não o que você sente. Você pode agir com amor, mesmo que tenha vontade de estrangular seu colega de trabalho".*
>
> James C. Hunter

O líder não é aquele que consegue resultados através das pessoas, mas sim com as pessoas. Tal conceito vai além das características dos líderes incomuns, intocáveis e ícones que fazem parte da história da humanidade e preencheram os séculos como figuras fortes. Nessa nova perspectiva, vemos que o verdadeiro líder é um homem de atitude, coerente entre o verbo e a ação e, com a sua percepção, experiência e sensibilidade, sabe conduzir tão bem a sinfonia que emana de uma equipe híbrida, como se fosse um grande maestro que rege uma grande orquestra afinada, conseguindo fazer brotar de cada pessoa o entusiasmo necessário para diferenciar tudo que se propõe a fazer neste universo instável, dinâmico e evolutivo.

Se liderança é influência e isso significa inspirar as pessoas a agir, ninguém fez isso melhor do que Jesus Cristo. E o que Ele tinha a dizer sobre liderança? "Quem quiser ser líder primeiro tem que servir". Na primeira vez em que li isso, pensei: "Não concordo, isso pode funcionar na igreja, mas não no meu trabalho. Se sou o chefe, as pessoas é que precisam me servir e respeitar, a hierarquia existe para isso." Mas aprendi com minhas experiências que o líder tem de servir sim, seu papel é ajudar as pessoas de sua equipe a ser o melhor que elas podem ser. Se você dá ao seu time o que ele precisa, ele também vai lhe dar o que você precisa.

Liderança não é o que você faz, é o que você é. É o seu compromisso de fazer o melhor, independentemente da hierarquia e do ambiente. Faça desse compromisso uma rotina. Suas ações viram seus hábitos, que moldam seu caráter, e que transformam seu destino. O desenvolvimento da liderança significa desenvolvimento de caráter. Não há ser humano pronto, há ser humano em permanente formação.

Como você exerce a sua liderança, seja ela em casa, com seus filhos, no seu trabalho, em sala de aula? Reflita, perceba-se como um líder, eis o meu desafio para você.

Os líderes são resilientes, e como anda a sua resiliência? Convido-o a fazer o teste a seguir e avaliar seu resultado.

Para cada pergunta, escolha apenas uma resposta. Ao final das perguntas existe um quadro com os pontos a serem atribuídos para cada escolha. Some os pontos e confira de acordo com sua pontuação o seu nível de resiliência.

1. Preocupo-me em excesso com temas que nada acrescentam a minha vida, como coisas fúteis, banais e pequenas?
   ( ) Raramente ou Nunca
   ( ) Ocasionalmente
   ( ) Muitas vezes
   ( ) Sempre

2. Sou muito exigente comigo mesmo e com que está em volta de mim?
   ( ) Raramente ou Nunca
   ( ) Ocasionalmente
   ( ) Muitas vezes
   ( ) Sempre

3. Sou muito perfeccionista, sem tolerância a erros?
   ( ) Raramente ou Nunca
   ( ) Ocasionalmente
   ( ) Muitas vezes
   ( ) Sempre

4. Tenho pressa em tudo o que faço?
   ( ) Raramente ou Nunca
   ( ) Ocasionalmente
   ( ) Muitas vezes
   ( ) Sempre

5. Irrito-me facilmente no trânsito?
( ) Raramente ou Nunca
( ) Ocasionalmente
( ) Muitas vezes
( ) Sempre

6. Tenho dificuldades para expressar as coisas de que eu não gosto?
( ) Raramente ou Nunca
( ) Ocasionalmente
( ) Muitas vezes
( ) Sempre

7. Organizo-me para tirar férias e curtir as horas de lazer com a família?
( ) Raramente ou Nunca
( ) Ocasionalmente
( ) Muitas vezes
( ) Sempre

8. Temo pela segurança dos meus familiares e amigos?
( ) Raramente ou Nunca
( ) Ocasionalmente
( ) Muitas vezes
( ) Sempre

9. Tenho medo de ser assaltado ou sequestrado?

( ) Raramente ou Nunca

( ) Ocasionalmente

( ) Muitas vezes

( ) Sempre

10. Tenho dificuldade para lidar com mudanças repentinas?

( ) Raramente ou Nunca

( ) Ocasionalmente

( ) Muitas vezes

( ) Sempre

Estabeleça para cada uma das questões os seguintes pontos:

Raramente ou Nunca	1 ponto
Ocasionalmente	2 pontos
Muitas vezes	3 pontos
Sempre	4 pontos

RESULTADO:

Total de pontos: de 31 a 40 pontos	Nível de resiliência: Muito baixo
• Atenção e respeito a seus limites. • Repense suas atitudes e comportamentos. • Converse mais com as pessoas sobre seus sentimentos e expectativas. • Procure ajuda profissional.	

Total de pontos: de 21 a 30 pontos	Nível de resiliência: Baixo

- Atente-se a sua qualidade de vida.
- Busque atividades de lazer.
- Procure colocar para o outro as coisas que o aborrecem.
- Procure ajuda especializada.

Total de pontos: de 11 a 20 pontos	Nível de resiliência: Médio

- Fique atento às situações nas quais você não respeita seu espaço e emoções.
- Organize suas atividades.
- Delegue tarefas para não se sobrecarregar.

Total de pontos: de 0 a 10 pontos	Nível de resiliência: Bom
• Continue assim, parabéns!	

Proponho agora um novo exercício. Em nossa vida temos diversos aspectos sobre os quais refletir de maneira a avaliar como estamos hoje e o que podemos fazer para melhorar ou mudar. No quadro a seguir cito alguns desses valores de nossa vida. Na primeira coluna mencione um comportamento que, em sua visão, pode ser mudado (ou apenas aprimorado), e na coluna seguinte, qual o novo comportamento ou a atitude que você irá tomar para que possa evoluir seu estado atual.

Valor	Comportamento atual	Novo comportamento ou atitude
Espiritual		
Social		
Profissional		
Pessoal		
Financeiro		
Familiar		
Sonhos		
Metas		

E como último exercício para reflexão, escreva um e-mail futurista. O destinatário, VOCÊ. Acesse o Google, e escolha um e-mail eletrônico, em alguns que irão aparecer, e determine um prazo para que chegue a sua caixa de entrada. Uma semana, 1 mês, 1 ano, o tempo é de sua livre escolha. Escreva sobre as mudanças que almeja, onde pretende estar daqui 2 anos, 5 e 10 anos, descreva opiniões sobre sua atual carreira, empresa, família, entre outros.

Você irá se surpreender quando abri-lo. E vai entender melhor o quão importante é sabermos nos conhecer, desenvolver e fortalecer a nossa RESILIÊNCIA!

Capítulo 10

O coaching e a resiliência

Entender como a mudança se dá, como a mudança pode nos apoiar no processo da vida é usar o *coaching* como uma ferramenta ou metodologia a fim de potencializar as mudanças.

A questão é: que mudanças você está interessado em produzir? Como trabalhar o motor de sua mudança, motivação para colocar um novo gás para vencer seus desafios? O *coaching* vai lidar com o nosso campo equilibrado de prospecção de futuro, desejos, sonhos... Ao contrário da terapia, que lida com o nosso campo desequilibrado, as dores e traumas que precisamos superar.

O *coaching* ajuda a clarear os propósitos, a alinhar a vida à nova realidade, enquanto não sabemos o que queremos, quando não temos uma direção a seguir. Todos os dias ao acordar abrimos os nossos olhos. Imagine seus olhos como setas que são lançadas ao se abrirem. Sem um alvo, a seta é lançada em vão. O mesmo acontece com nossa vida. Se não sabemos o alvo que queremos acertar, desperdiçando energia e qualidade de vida.

É importante termos clareza da forma mais adequada possível para realizar algo, assim como entender os métodos de que precisaremos para alcançarmos os propósitos de vida. E às vezes precisamos parar e verificar se o método que estamos usando está sendo eficiente para nos levar aonde queremos. A escolha de um método não nos deixa à prova de erros. Nós vamos errar, somos humanos, e a perfeição é utopia. O que precisamos é não incorrer nos mesmos erros e considerar o erro como parte integrante do ciclo para evoluir no método e nas escolhas. Errar é parte do processo de acertar.

> *"Se você não sabe aonde quer chegar, qualquer caminho serve."*
>
> – extraído da fábula Alice no País das Maravilhas

Eis o paradoxo da mudança: é importante mudar para ser quem é, para deixar de ser quem não é. Precisamos nos descobrir, o autoconhecimento é tudo. É fundamental saber quem somos, onde estamos e o que queremos. A partir de mim, começo a entender melhor o outro, a vida, os relacionamentos, minhas limitações e o meu jeito de SER no mundo.

Assim, a mudança acontece naturalmente, sem pressão, mas por perceber as questões essenciais que fazem parte da vida. Lembre-se: o que eu quero ser depende do quanto eu estou realizando no meu dia a dia para que isso aconteça. Se quer algo, construa!

"Quanto mais alto seu nível de energia, mais eficiente seu corpo. Quanto mais eficiente o seu corpo, melhor você se sentirá e mais você utilizará seu talento para produzir resultados extraordinários."

Anthony Robbins

O *coach* procura transmitir capacidades ou técnicas que melhoram as capacidades profissionais e pessoais do indivíduo, visando a satisfação de objetivos definidos por ambos. Considerando que o simples fato de compartilhar pensamentos que estão soltos e organizá-los em um plano de ação é o primeiro passo para a concretização de objetivos.

Antes mesmo do nascimento, o cérebro está praticamente formado, produzindo espantosos 250.000 novos neurônios por minuto. Até há pouco tempo, acreditava-se que ao nascermos nosso cérebro aprenderia coisas novas, mas não ganharia novos neurônios.

Hoje, porém, sabemos que o cérebro muda diariamente, a cada memória nele armazenada.

Como funciona o cérebro?

Recebemos informações do mundo através dos cinco sentidos: visual, auditivo, gustativo, olfativo, táctil-proprioceptivo. Ocorre que a informação recebida precisa ser processada internamente, precisa ser representada, e esse processo é individual, personalizado, o que equivale a dizer que dois indivíduos representarão um mesmo fato de formas diferentes.

1. Eventos externos

São fatos, comportamentos de outras pessoas. Qualquer estímulo externo que pode ser captado pelos seus sentidos: visão, audição, tato, olfato ou gustação.

2. Processamento interno

a) Omissão

São situações em que damos maior ênfase ao que percebemos como mais importante. Por exemplo, quando estamos absorvidos numa conversa com um amigo, não percebemos as outras pessoas à nossa volta. Um aluno pode estar em sala de aula e não escutar nada do que o professor diz, pois está direcionando sua atenção para o celular, o final de semana que está chegando, entre outros.

b) **Distorção**

Todos distorcem informações, e isso não pode ser considerado bom ou ruim. Distorcemos informações quando confundimos uma pessoa desconhecida com aquela que estávamos ansiosos por encontrar. Quando sentimos sintomas complicados e depois de ir ao médico, ele nos informa que não é nada grave e os sintomas desaparecem.

c) **Generalização**

A generalização é a base para as nossas crenças. Dirigimos um carro com segurança, pensando, ouvindo música, observando a paisagem, sem que tenhamos de analisar cada etapa. É comum generalizarmos situações como: "Não adianta, aquela turma é impossível", "Ninguém me ouve no trabalho", "Aquele moço não tem jeito".

d) **Crenças e valores**

Aquilo que acreditamos, quer seja sobre nós, sobre os outros ou sobre o mundo. As crenças se formam com base em experiências que vemos e como consequência da forma pela qual percebemos algum fato específico. Se você acreditar que não é bom o suficiente para desenvolver um determinado trabalho, com certeza não o será. Os valores estão associados às crenças, quando consideramos alguma coisa ou algum comportamento certo ou errado.

e) **Objetivos**

Tudo que planejamos tem em vista um objetivo, que determinará os valores, decisões e ações. Você pode traçar objetivos que necessitarão de minutos para serem realizados, como por exemplo, o que farei hoje à noite? Ou objetivos que levam uma vida para se realizar.

f) **Estado interno**

É o estado emocional num dado momento. Ele determina se você experimenta alegria, tristeza, excitação, satisfação, etc.

Após analisarmos os processos pelos quais as informações são representadas, podemos entender melhor por que dois indivíduos representam um mesmo fato de formas diferentes e também por que o mapa não é o território que representa. Nós sempre reagiremos às representações que fazemos das coisas (aos mapas) e nunca às coisas propriamente ditas.

Nós aprendemos por repetição e rapidez. Portanto, uma associação feita rapidamente e repetidas vezes, como a propaganda, tende a se estabelecer em nosso sistema neurológico. Trata-se de um condicionamento.

O que dissemos também se aplica a experiências marcantes em nossas vidas, capazes de influenciar nossa autoimagem. Tomemos por exemplo o caso de duas crianças ridicularizadas na escola por terem errado um exercício na lousa.

A primeira associa à experiência uma grande carga de emoção, como vergonha, humilhação e incapacidade. Representa a situação à sua maneira, talvez com imagens dos colegas rindo, o som de altas gargalhadas. Já a outra criança talvez nem se lembre do fato pouco tempo depois, pois não registrou imagens marcantes e não atribuiu importância a este acontecimento.

O que faz a diferença aqui é a maneira pela qual cada criança representa a situação, o tipo de "etiqueta" que coloca ao organizar seu arquivo de lembranças. Como já dissemos, é à representação que reagimos, e não à situação, ao fato real, e na representação entram os processos de omissão, distorção e generalização. Portanto, é provável que a primeira criança tenha omitido dados da experiência, tenha distorcido outros e talvez dali em diante ela generalize o ocorrido a todas as situações que envolvam os mesmos elementos, situações em que se exponha à opinião alheia.

Daí a importância de entendermos como funcionamos, para que as nossas relações com o outro sejam saudáveis.

O QUE VOCÊ QUER? A partir daí vamos estruturar o COMO.

Como fazemos para nos sentirmos felizes? Como fazemos para nos sentirmos deprimidos? Como fazemos para nos erguermos diante de uma situação de adversidade? Temos uma estratégia interna que nos conduz a esses estados. Mapeando essas estratégias, podemos utilizá-las de maneira consciente a nosso favor ou transformá-las caso seja conveniente.

O trabalho é programar um caminho para se atingir o objetivo, ou o estado desejado. Esse caminho passa pela vontade, acreditar que é possível. Pela capacidade – você é capaz de alcançá-lo? Pelo merecimento: você merece alcançar o objetivo? Todos nós temos, em nossa história de vida, muitas experiências com riqueza de recursos que podem ser utilizadas a nosso favor, que nos permitem saber como reagimos, e nos ajudam a escolher o melhor caminho.

Coach é o papel daquele que se compromete a apoiar alguém a atingir um determinado resultado. O processo de *coaching* propõe-se a ser uma relação de parceria que permite revelar o verdadeiro potencial das pessoas e melhorar substancialmente o resultado alcançado por elas.

É transformar sonhos e possibilidades em realidade. Esse processo ajuda o indivíduo a desenvolver as habilidades, competências e potencialidades, tornando-o mais eficiente, seguro e pronto para enfrentar os desafios do mercado de trabalho e dos relacionamentos pessoais e familiares.

Uma técnica conhecida e que pode ser facilmente usada para ativar cada vez mais a nossa capacidade cerebral é a neuróbica, "aeróbica dos neurônios". A neuróbica consiste na inversão da ordem de alguns movimentos que utilizamos no nosso dia a dia, como: escrever, caminhar, comer, entre outros, tentando praticá-los de modo diferente. Por exemplo, se você é canhoto, tente escrever algumas palavras com a mão destra, ande para trás, feche os olhos e saia do seu quarto e vá até o banheiro. São exercícios que não atrapalham nossa rotina, e podemos fazê-los sempre que possível a qualquer hora.

Quer experimentar? Entre em contato comigo para realização de *Coaching* Pedagógico nas áreas de Educação, Desenvolvimento Pessoal e Profissional, Comportamental, Psicanálise e Psicopedagogia ou Terapia. Também realizo treinamentos, seminários, palestras, consultorias e *workshops* sobre o tema.

Capítulo 11

Um raio cai duas vezes no mesmo lugar!

No dia 21/10/2015 minha mãe ouviu a seguinte frase: "Vamos ter tempo de salvar somente a sua filha...." Estava na minha segunda gestação, depois de ter tido um prognóstico médico que estava estéril, devido as complicações da primeira gestação, eis que recebo a notícia da gravidez, depois de 19 anos que tive a primeira.

Estava com uma saúde, posso dizer de "ferro", no auge da minha carreira militar, testes físicos em dia, bem como o acompanhamento clínico, portanto, "impossível" ter uma segunda eclâmpsia.

Mas não foi isso que aconteceu, foi uma gravidez de risco, porque no quarto mês tive pré-eclâmpsia, então, repouso absoluto. Nesse momento, me perguntei do porquê está acontecendo aquela mesma situação, e a resposta veio bem depois.

Compartilharei com você no final deste capítulo.

Minha filha nasceu, e não chorava, os médicos fizeram massagem cardíaca, e eu com o resto de força que me restava, foquei na tela mental da minha mente resiliente, vi ela chorando e saudável. E depois, desfaleci.

Bom, minha filha chorou...depois de um tempo eu e ela nos restabelecendo, o pediatra me informa uma série de situações que poderia acontecer com ela: não andar, não falar, não ouvir...bem serena, e disse, doutor com todo respeito, minha filha é saudável.

Com toda força que tive que fazer para elaborar a tela mental, adquiri hipertensão, mas não entrei em coma de novo, não perdi meus rins e nem uma parte do fígado (como os médicos haviam previstos)....

Todos nós podemos acionar a nossa resiliência, e ela é imprescindível para todos os campos da nossa vida: familiar, pessoal, profissional, emocional, financeiro, etc....O poder da nossa capacidade cerebral é inquestionável... conheça as técnicas resilientes e seja FELIZ! Ahhhh...e não aprendemos a ser resilientes; escolhemos SER!!!!

Eu escolho ser resiliente, e você? Aceite meu convite, e desenvolva as competências para ser uma pessoa resiliente e feliz!

Minha Marianne está aí, linda e saudável! E respondendo a reflexão que tive quanto a passara pela segunda vez pela mesma situação, é que me tornar uma pessoa melhor e ter a chance de rever meus valores, ajudar mais ao próximo e viver a vida com a plenitude que merece.

Pois eu tenho medo de viver uma vida rasa, sem profundidade, de ver as situações apenas de forma superficial. E isso eu sei que eu não fiz e não vou fazer. Vivo cada dia com a intensidade e o respeito que merece.

Eu escolhi ser resiliente, e você?

Aceite meu convite, e desenvolva as competências para ser uma pessoa resiliente e feliz! O despertar é intrínseco e pode ser acessado somente por nós mesmos, com a chave do autoconhecimento, quando nos permitimos vivenciar as situações a que somos submetidos transformando conhecimento em comportamento.

Muitas são as pesquisas que demonstram que a mente humana é dotada de habilidades extraordinárias. Precisamos aprender a treinar a nossa mente com pensamentos positivos, otimistas e felizes. É através de pensamentos que se manifesta a intuição, e é a intuição, manifestada pelo pensamento, que cria as coisas mais impossíveis que conhecemos hoje. Criatividade, todo mundo tem. É só deixar a intuição se manifestar através do pensamento. Sem a experimentação do pensamento nada seria criado. Você precisa despejar todos os seus pensamentos de impotência e limitações, para ser livre para pensar em seu próprio benefício e em benefício do outro. Você não pode querer e não querer algo ao mesmo tempo. Você não pode querer sem acreditar que vai conseguir. Negue os pensamentos de proibições, de doenças e fracassos e irá sentir uma sensação de liberdade, com saúde e sucesso. Ponha na cabeça que nada é impossível, mesmo que você ainda não tenha realizado o "impossível".

> *"Nada de esplêndido jamais foi atingido, exceto por aqueles que ousaram acreditar que algo dentro deles era mais forte que as circunstâncias."*
>
> Bruce Barton

Pensamento, imagem e movimento. Acredite que o que está pensando é verdade e está acontecendo agora. Elimine as dúvidas. Acredite em você! A imaginação é desenvolver o potencial da mente e dar possibilidades de novas e importantes finalidades ao nosso cérebro. Você não tem razão para duvidar das possibilidades de realização e materialização dos seus pensamentos, pois é exatamente assim, pensando e passando o pensamento para o papel, que concretizará o que deseja. Não diga que vai tentar; simplesmente faça. Tenha o hábito de pensar positivamente, e escreva. Se a palavra tem poder, a palavra escrita tem mais poder ainda. A primeira mudança no homem, portanto, deverá acontecer em sua mente é a maneira de pensar. Tenho absoluta certeza de que a mudança no modo de pensar muda automaticamente a nossa maneira de agir. Pois o nosso corpo segue sempre a ordem mental e expressa os nossos sentimentos.

Faça o exercício da Tela Mental:

Sente-se confortavelmente. Feche os olhos, num ambiente de penumbra. Respire profundamente várias vezes e, relaxe. Crie a situação de que está dentro de um cinema, de frente para aquela tela imensa, coberta por uma cortina verde-claro. Quando tiver visualizado esta situação e ambiente, por uma ordem consciente, faça com que a cortina se abra e apareça uma linda paisagem. Treine seu cérebro para alcançar o intangível! www.stancolovich.com.br Admire toda a paisagem detalhadamente. Observe as cores e o que ela oferece. O ar puro e a temperatura agradável. E, com mais uma ordem consciente, projete-se para a paisagem dando-lhe vida e movimento. Então, viva ali alguns momentos, sentindo o ambiente que você já concebera. Brinque, corra, deite, usufrua de tudo que contém neste ambiente. Faça este exercício várias vezes e durante vários dias. Observe que estou propondo que você treine para transformar o seu pensamento em imagens nítidas, vivas e em movimento, para o exercício mental. Isto é sumamente importante, para você conseguir realizar o que deseja e pensa. Pois o pensamento deverá ter forma, dimensão, cor, cheiro, sabor, temperatura, sequência, funcionalidade e movimento. Faça isso com o que deseja: dê forma, movimento, sensação, cheiro, cor... E verá o que esse exercício te propiciará. Com certeza, ficará mais seguro e tranquilo para conseguir concretizar o seu sonho.

Meus contatos são:
- Site: www.stancolovich.com.br
- Facebook: Érika Stancolovich
- email: erikastancolovichcontato@gmail.com
- Skype: erikastancolovich
- Twitter: erikastancalovich@gmail.com
- Telefones: (12) 98112-9242

Como dizia o escritor alemão Bertold Brecht:

> *"Há homens que trabalham um dia e são bons,*
> *Há aqueles que lutam muitos anos e são muito bons,*
> *Mas há os que lutam toda a vida,*
> *Esses são imprescindíveis."*

Tenha certeza de que você é imprescindível para melhorar o lugar onde se encontra.

Canvas da resiliência

O que quero alcançar?

_____
_____
_____
_____

O que preciso fazer?

_____
_____
_____

O que preciso mudar?

_____
_____
_____

O que farei agora?

_____
_____
_____

Plano B?

_____
_____
_____
_____
_____

Mensagem final

Sofrimentos, frustrações diárias, o medo e a insegurança que assolam a sociedade moderna em todos os seus níveis, e a sua capacidade de recuperação emocional.

Em uma narrativa simples e clara, Doutora Érika elucida e mostra como lidar e ser mais forte e consciente com as adversidades da vida.

As controvérsias e outras teses já existentes a respeito dos bons indicadores de uma saudável resiliência vêm a momento próprio "somar" com essa magnífica obra.

"Se você quiser entender melhor seu papel no mundo, escreva. Procure colocar sua alma por escrito, mesmo que ninguém leia. O simples fato de escrever nos ajuda a focar em nossos propósitos de vida e ver com clareza o que nos cerca. Um papel e uma caneta operam milagres, curam dores, consolidam sonhos, levam e trazem a esperança perdida. A palavra tem poder. A palavra escrita tem mais poder ainda."

Prof. Dr. José Gomes da Silva Neto
Presidente Geral do Conselho Brasileiro de Psicanálise e Psicoterapias

Esta obra tem o apoio do
Conselho Brasileiro de Psicanálise e Psicoterapias
CONBRAPSI
www.conbrapsi.org

Referências bibliográficas

ALVAREZ, A.M.S., MORAES, M.C.L. & RABINOVICH, E.P. (1998). Resiliência: um estudo com brasileiros institucionalizados. *Revista Brasileira de Desenvolvimento Humano* 8 (1/2), 70-75.

BOFF, Leonardo. *A águia e a galinha.* Edição: Desconhecida.

COACHING – *Grandes mestres ensinam como estabelecer e alcançar resultados extraordinários na sua vida pessoal e profissional.* São Paulo: Literare Books International, 2013.

COLLEN, P. *Mais que a realidade* (3ª ed.) São Paulo: Cortez, 1987.

FIEL, Luciana. *O líder que existe em você.* Viçosa: Aprenda Fácil, 2011.

FLACH, F. *Resiliência: a arte de ser flexível.* São Paulo: Saraiva, 1991.

HERZER, A., *A queda para o alto*, 24ª ed. Rio de Janeiro: Vozes.

HOUAISS, A., Villar, M.S. & FRANCO, F.M.M. (2001). *Dicionário Houaiss da língua portuguesa.* Rio de Janeiro: Objetiva.

LUTHAR, S.S., CICCHETTI, D. & BECKER, B. (2000). *The construct of resilience: a critical evaluation and guidelines for future work*. Child Development, 71, (3), 543-562.

MASTEN, A .S. & GARMEZY, N. (1985). Risk, vulnerability and protective factors in developmental psychopathology. Em B. Lahey (Org.), *Advances en clinical child psychology*. (pp 1-52). New York: Plenum Press, 8.

MORAES, M.C.L. & RABINOVICH, E.P.(1996). Resiliência: uma discussão introdutória. *Revista Brasileira de Desenvolvimento Humano*, 6 (1/2),10-13.

PEREIRA, A. M. S. (2001). *Resiliência, personalidade, stress e estratégias de coping*. Em J. Tavares (Org.) *Resiliência e educação* (pp. 77-94). São Paulo: Cortez.

RALHA-SIMÕES, H. (2001). *Resiliência e desenvolvimento pessoal*. Em J. Tavares (Org.), *Resiliência e educação* (pp. 95-114). São Paulo: Cortez.

RUTTER, M. (1993). *Resilience: some conceptual considerations. Journal of adolescent health*, 14, 626-631.

SILVEIRA, Michelle B; SILVEIRA, Paulo C. *Atitude a virtude dos vencedores*. São Paulo: Literare Books International, 2014.

THE RESILIENCE ALLIANCE. Disponível em: www.resalliance.org. Acesso em 05 de dezembro de 2014.

THE STOCKHOLM RESILIENCE CENTRE. Disponível em: www.stockholmresilience.org. Acesso em 05 de dezembro de 2014.

YUNES, M. A. M. & SZYMANSKI, H. (2001). *Resiliência: noção, conceitos afins e considerações críticas*. Em J. Tavares (Org.), *Resiliência e educação* (pp. 13-42). São Paulo: Cortez.